LA TRÈS JOYEUSE, PLAISANTE ET RÉCRÉATIVE

HISTOIRE

DES FAITS, GESTE ET PROUESSES

DU BON

CHEVALIER BAYARD

COMPOSÉE PAR LE LOYAL SERVITEUR

NOUVELLE ÉDITION ARRANGÉE ET TRADUITE EN STYLE MODERNE

Par JULES RASSAT

Illustrations de POIRSON, RÉGAMEY, DE BAR, Etc.

PARIS

LIBRAIRIE CH. DELAGRAVE

15, RUE SOUFFLOT, 15

HISTOIRE

DU

BON CHEVALIER BAYARD

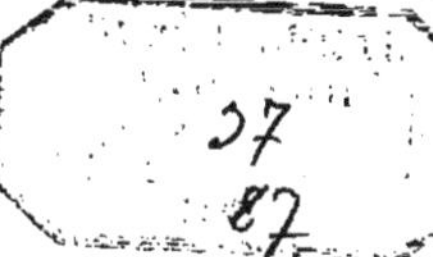

SOCIÉTÉ ANONYME D'IMPRIMERIE DE VILLEFRANCHE-DE-ROUERGUE
Jules Bardoux, Directeur.

Bayard.

HISTOIRE

DES FAITS, GESTES ET PROUESSES

DU BON

CHEVALIER BAYARD

COMPOSÉE PAR LE LOYAL SERVITEUR

NOUVELLE ÉDITION ARRANGÉE ET TRADUITE EN STYLE MODERNE

PAR JULES RASSAT

Illustrations de POIRSON, RÉGAMEY, DE BAR, etc.

PARIS

LIBRAIRIE CH. DELAGRAVE

15, RUE SOUFFLOT, 15

1887

PRÉFACE

On a entrepris bien souvent d'écrire la Vie de Bayard.
Ses contemporains, deux de ses parents même ou de ses
compatriotes, ont essayé de rendre la vie à la figure populaire du bon Chevalier sans peur et sans reproche ; les modernes l'ont tenté maintes fois et à satiété ; mais aucun n'a
réussi à donner à son œuvre l'intérêt pathétique qu'avait
su mettre dans sa chronique anonyme le « Loyal Serviteur ». Les premiers ont gâté leur style de toute leur fade
prétention à l'érudition antique, et les derniers ont sacrifié
la physionomie de leur personnage à l'intérêt historique de
sa biographie, ou bien, qui pis est, ils n'y ont vu qu'un
conte moral propre à édifier les petits enfants. Tous n'ont
réussi qu'à faire une œuvre ennuyeuse ou puérile.

Le « Loyal Serviteur », qui était certainement un homme
simple et de maigre savoir, a écrit, au contraire, son livre
sans intention préconçue ; il a laissé bavarder aimable-
ment son amour pour les vertus du bon Chevalier ; il a
conté par le menu les tournois, les rencontres, les assauts,

les batailles, où il s'était trouvé avec son maître[1]; il a
pensé que s'empêtrer de tout le docte apparat de l'histoire,
« ce serait gâter du papier et ennuyer son lecteur[2] », et il
a fait, sans s'en douter, un des livres les plus intéressants,
les plus moraux, qu'on puisse donner à lire à la jeunesse,
et qu'un âge plus mûr ne dédaignerait pas de parcourir,
autant pour s'édifier que pour se distraire.

Ce livre a eu tout de suite un succès imposant; Bran-
tôme le recommande déjà en termes chaleureux. Dans ses
Grands Capitaines, en parlant rapidement du chevalier
Bayard, il dit : « Qui en voudra plus savoir lise son *roman*,
qui est un aussi beau livre qu'on saurait voir et que la noblesse et jeunesse devraient autant lire; » et il ajoute encore : « Tout roman qu'il est, il ne parle point mal et en
aussi bons mots et termes qu'il est possible. »

Mais ce livre, qui a la rare bonne fortune d'être un
roman moral, n'est plus malheureusement aujourd'hui
très facile à lire pour notre jeunesse. Tout simple qu'il
est, son vieux et savoureux langage dérouterait quelque
peu de jeunes esprits familiarisés seulement avec le style
moderne. Nous avons donc dû, pour le rendre tout à fait
intéressant à de très jeunes lecteurs, porter une main sa-

---

1. Il est évident pourtant qu'il n'était pas aux côtés de Bayard dans ses
dernières expéditions; aussi les raconte-t-il plus brièvement.

2. Ch. xi du texte original. — Bien que le « Loyal Serviteur » ne vise guère
à l'histoire, les savants ont vérifié la véracité de la plupart de ses asser-
tions. En tout cas, il manque de cette précision qu'on réclame tant aujour-
d'hui à l'histoire dans les plus minces détails ; il abuse des mots « environ », « à peu près » ; ses chiffres sont très approximatifs, et il emploie sans
cesse les superlatifs les plus exagérés.

crilège sur ce délicieux récit, à qui l'on voudrait tout pardonner. Hélas ! nous avons dû faire des coupures fréquentes et considérables, nous avons dû remettre en mauvais français moderne — le nôtre du moins — la langue amusante et robuste de notre chroniqueur, et lui retirer ainsi tout ce parfum qui fait le charme de la plupart des livres de ce merveilleux seizième siècle.

Nous pouvons affirmer pourtant que nous avons mis, dans la perpétration de ce crime littéraire, tous les scrupules et toutes les délicatesses que nous commandaient nos inutiles remords.

C'est pourquoi nous voudrions qu'on nous excusât d'avoir entrepris ce travail, où nous nous sommes efforcé de rendre l'œuvre du Loyal Serviteur intéressante et facile d'un bout à l'autre pour les enfants, dont l'éducation, on le sait, nécessite bien des compromis.

Nous avons aussi l'espérance qu'on pourra retrouver dans notre *traduction* quelques reflets — trop pâles hélas ! — du texte original [1] écrit par cet homme de cœur qui, paraît-il, s'appelait Jacques de Mailles, qui fut archer dans les compagnies commandées par le bon Chevalier et peut-être

---

1. Voici le titre complet d'une des plus vieilles éditions de ce livre : *La très joyeuse, plaisante et récréative histoire, composée par le Loyal Serviteur, des faits, gestes, triomphes et prouesses du bon Chevalier sans peur et sans reproche, le gentil seigneur de Bayard, dont humaines louanges sont répandues par toute la chrétienté ; de plusieurs autres bons, vaillants et vertueux capitaines qui ont été de son temps. Ensemble les guerres, batailles, rencontres, assauts, qui de son vivant sont survenus tant en France, Espagne que Italie.*

Nouvellement imprimée à Paris, par Nicolas Couteau, pour Galliot du Pré, marchand libraire juré de l'Université dudit lieu. Il fut achevé d'imprimer le xviiie *jour de septembre l'an mil cinq cent vingt et sept.*

son secrétaire intime, qui se reposa de la guerre en prenant une charge de tabellion à Grenoble, et qui occupait ses loisirs non seulement à raconter la vie héroïque de son cher maître, mais encore à en fixer les traits sur de vieilles peintures sur bois, telles que celle qu'on montre encore aujourd'hui dans une des salles du château d'Uriage.

Enfin peut-être verra-t-on qu'il vaut mieux obéir, comme nous l'avons fait, sans restriction, à l'intérêt des jeunes lecteurs, en se donnant la peine de traduire complètement un vieux texte, que de passer de singuliers compromis avec la philologie en rhabillant — comme on l'a fait avec beaucoup de savoir du reste — les vieilles phrases avec un mélange un peu arbitraire de mots jeunes et de vieux mots. Cette arlequinade nous a toujours paru tant soit peu bizarre et inutile. En littérature comme ailleurs, il faut prendre des résolutions énergiques.

J. R.

HISTOIRE

DU

BON CHEVALIER BAYARD

CHAPITRE PREMIER

Comment le seigneur de Bayard, père du bon Chevalier sans peur et sans reproche, voulut savoir de ses enfants quel état ils désiraient prendre.

Au pays du Dauphiné, que possède présentement le roi de France [1], il y a plusieurs bonnes et grandes maisons de gentilshommes, dont il est sorti tant de vertueux et nobles chevaliers que la renommée en court par toute la chrétienté. Aussi, comme l'écarlate est la couleur qui surpasse toutes les autres pour teindre les étoffes (sans blâmer la noblesse des autres provinces), les Dauphinois sont appelés par tous ceux qui les connaissent, *l'écarlate des gentilshommes de France.* Parmi ces maisons du Dauphiné est celle de Bayard, qui est

---

1. Le Dauphiné avait été cédé à la France en 1349 par Humbert II, le dernier Dauphin viennois, sous la condition que le fils aîné des rois de France porterait le titre de *Dauphin.* Cette appellation fut en effet maintenue, comme on sait, pour les héritiers de la couronne, jusqu'aux derniers jours de la monarchie.

d'ancienne et noble extraction ; et ils l'ont bien montré
en effet, ceux qui en sont sortis : à la journée de Poi-
tiers, le trisaïeul du bon Chevalier sans peur et sans
reproche mourut aux pieds du roi Jean ; à la journée
de Crécy périt son bisaïeul ; à la journée de Montlhéry,
son aïeul demeura sur le champ de bataille avec six
plaies mortelles, sans les autres ; enfin, à la journée de
Guinegate, son père fut si grièvement blessé, qu'il ne
put depuis lors sortir de sa maison, où il mourut âgé
de quatre-vingts ans.

Peu de jours avant son trépas, le père du bon Chevalier, voyant que la nature défaillait en lui et qu'il
ne pourrait plus faire long séjour en cette vie mor-
telle, appela les quatre enfants qu'il avait, en présence
de sa femme, dame très dévote et toute à Dieu, laquelle était sœur de l'évêque de Grenoble. Quand ses
enfants furent devant lui, il demanda à l'aîné, qui avait
de dix-huit à vingt ans, ce qu'il voulait devenir. Le
jeune homme répondit qu'il ne voulait jamais quitter
la maison paternelle et qu'il voulait assister son père sur
la fin de ses jours. « Eh bien ! dit le père, Georges,
puisque tu aimes la maison, tu demeureras ici à combattre les ours. »

Le cadet, qui a été le Chevalier sans peur et sans
reproche, fut interrogé sur l'état qu'il voulait prendre.
Il avait treize ans ou un peu plus [1]; mais il était éveillé
comme un émerillon, et d'un visage souriant il répondit, comme s'il eût eu cinquante ans : « Monseigneur
mon père, bien que mon amour pour vous me tienne

----

1. On ne sait pas exactement la date de la naissance de Pierre Ter-
rail, seigneur de Bayard : on le suppose né au château de Bayard,
dans la vallée de Grésivaudan (Haut-Dauphiné), en 1473 ou 1475. On
voit encore les ruines de ce château aux environs de Pontcharra.

si fort au cœur que je devrais oublier toutes choses pour vous servir sur la fin de votre vie, néanmoins, comme j'ai enraciné dans mon cœur les bons propos que vous récitez chaque jour sur les nobles chevaliers du temps passé et sur ceux de notre maison, je serai, s'il vous plaît, de l'état dont vos prédécesseurs et vous avez été : je suivrai la carrière des armes ; c'est la chose en ce monde dont j'ai le plus grand désir, et j'espère, avec la grâce de Dieu, ne point vous y faire de déshonneur. »

Le bon vieillard répondit en pleurant : « Mon enfant, Dieu t'en donne la grâce ! Déjà tu ressembles de visage et d'allure à ton grand-père, qui fut en son temps un des chevaliers les plus accomplis qu'il y ait eus dans la chrétienté ; je ferai mon possible pour te fournir l'équipement dont tu auras besoin. »

Il demanda ensuite au troisième de ses fils quelle profession il voulait prendre. Celui-ci répondit qu'il voulait être comme son oncle, monseigneur d'Ainay (qui est une abbaye près de Lyon [1]). Son père le lui accorda et l'envoya avec un de ses parents audit oncle, qui le fit moine.

Le dernier des enfants répondit de la même façon et dit qu'il voulait être comme son oncle, monseigneur de Grenoble. On le donna à l'oncle, et il devint évêque de Glandèves en Provence.

---

1. Ainay était une abbaye de l'ordre de Saint-Benoît, fondée à Lyon, sur les bords de la Saône.

CHAPITRE II

Comment le père du bon Chevalier sans peur et sans reproche envoya
querir son beau-frère l'évêque de Grenoble.

Après les propos tenus par le père du bon Chevalier
à ses quatre enfants, comme il ne pouvait plus che-
vaucher, il envoya le lendemain un de ses serviteurs à
Grenoble dire à l'évêque, son beau-frère, qu'il avait
quelque chose à lui dire et qu'il le priait pour cela de
vouloir bien se transporter jusqu'à sa maison de
Bayard, qui était à cinq ou six lieues de Grenoble. A ce
désir le bon évêque obéit de bien bon cœur, lui qui
jamais ne se lassa de faire plaisir à un chacun. Il
partit aussitôt et s'en vint coucher à la maison de
Bayard, où il trouva son beau-frère assis auprès du feu,
comme le font volontiers les gens de son âge. Ils se
saluèrent l'un l'autre, et le soir firent ensemble la meilleure chère qu'ils purent, en compagnie de plusieurs
autres gentilshommes du Dauphiné qui s'étaient ras-
semblés là ; quand il fut l'heure, chacun se retira dans
sa chambre.

Ils se reposèrent jusqu'au lendemain matin, puis se
levèrent et entendirent la messe que ledit évêque de
Grenoble chanta : car il disait volontiers sa messe tous
les jours quand il se portait bien. La messe entendue,
on alla se laver les mains et l'on se mit à table dere-
chef, et chacun fit très bonne chère. Le bon Chevalier

servait[1] si sagement et si honnêtement, que chacun lui en faisait compliment. Sur la fin du dîner, après qu'on eut dit les grâces, le bon vieillard seigneur de Bayard commença à parler ainsi à toute la compagnie : « Monseigneur et messeigneurs, il est temps de vous déclarer pourquoi je vous ai mandés. Vous êtes tous mes parents et mes amis ; vous voyez que je suis déjà si accablé par la vieillesse qu'il est quasi-impossible que je puisse vivre deux ans encore ; or Dieu m'a donné quatre fils, de qui j'ai voulu savoir la profession qu'ils voulaient prendre. Mon fils Pierre m'a dit qu'il voulait suivre la carrière des armes. Cela m'a fait un singulier plaisir ; car il ressemble entièrement à mon feu seigneur de père, votre parent ; et s'il veut aussi lui ressembler dans sa conduite, il est impossible qu'il ne soit de son vivant un grand homme de bien, ce dont chacun de vous, n'est-ce pas ? en bon parent ou en bon ami, sera bien aise. Il faut, pour commencer, le placer dans la maison de quelque prince ou seigneur, où il apprenne à se tenir honnêtement ; puis, quand il sera un peu plus grand, il apprendra le métier des armes. Je vous prie donc, autant que je le puis, que chacun de vous me conseille à son sujet sur le lieu où je pourrais l'envoyer de préférence. »

L'un des plus anciens gentilshommes répondit : « Il faut qu'il soit envoyé au roi de France. »

Un autre dit qu'il serait fort bien dans la maison de Bourbon. Et ainsi de suite, l'un après l'autre, chacun dit son avis. Mais l'évêque de Grenoble, à son tour, prit la parole et dit : « Mon frère, vous savez que nous

---

1. C'était une coutume observée en ce temps-là dans toutes le familles de noblesse.

sommes en grande amitié avec le duc Charles de Savoie[1], qui nous considère au nombre de ses bons serviteurs : je crois qu'il prendrait volontiers votre fils pour un de ses pages. Le duc est à Chambéry, près d'ici : si bon vous semble, ainsi qu'à la compagnie, je lui mènerai Pierre demain matin, après l'avoir bien équipé et l'avoir muni d'un bas et bon petit roussin que depuis trois ou quatre jours j'ai reçu du seigneur d'Uriage. »

Cette proposition de l'évêque de Grenoble fut trouvée bonne par toute la compagnie, et aussi par le seigneur de Bayard, qui lui donna son fils en ajoutant : « Tenez, monseigneur, je prie Notre-Seigneur que vous en puissiez faire au duc un si bon présent, que vous en tiriez honneur pendant toute sa vie. »

Alors ledit évêque envoya incontinent à la ville quérir son tailleur, qu'il pria d'apporter du velours, du satin, et autres choses propres à habiller le bon Chevalier. Le tailleur vint et travailla toute la nuit ; de sorte que le lendemain matin tout fut prêt. Après avoir déjeuné, le bon Chevalier monta sur son roussin et se présenta devant la compagnie, qui était réunie dans la basse-cour du château, comme si l'on devait le présenter sur l'heure au duc de Savoie.

Quand le cheval sentit sous lui un si petit fardeau et que le jeune enfant le piqua des éperons qu'il avait, il commença à faire trois ou quatre sauts. La compagnie eut peur que le cheval n'affolât le garçon ; mais au lieu de ce qu'on attendait, que l'enfant criât à l'aide, quand il sentit le cheval remuer si violemment sous lui, d'un cœur plein d'assurance, courageux

---

1. C'était Charles Ier, fils d'une nièce de Louis XI.

comme un lion, il le piqua de trois ou quatre coups
d'éperon et lui donna carrière dans la basse-cour. Il
fit si bien qu'il mit le cheval à la raison, comme un
homme de trente ans. Il ne faut pas demander si le
bon vieillard fut content : tout souriant de plaisir, il
demanda à son fils s'il n'avait point peur. Il n'y avait
pas quinze jours qu'il était sorti de l'école. Celui-ci
répondit avec assurance :

« Monseigneur, j'espère, avec l'aide de Dieu,
qu'avant qu'il soit dix ans je le remuerai, lui ou un
autre, en plus dangereux endroit ; je suis ici parmi
mes amis, mais je pourrais être parmi les ennemis du
maître que je servirai.

— Or sus ! sus ! dit le bon évêque de Grenoble, qui
était prêt à partir, mon neveu, mon ami, ne descendez
point et prenez congé de toute la compagnie. »

Alors le jeune enfant, qui avait joyeuse contenance,
s'adressa à son père et lui dit : « Monseigneur mon
père, je prie Notre-Seigneur qu'il vous donne bonne
et longue vie, et qu'il me donne à moi, avant qu'il
vous retire de ce monde, la grâce que vous puissiez
n'avoir de moi que de bonnes nouvelles.

— Mon ami, dit le père, je l'en supplie. »

Puis il donna la bénédiction à son fils. Le jeune
cavalier alla prendre ensuite congé, l'un après l'autre,
des gentilshommes qui étaient là et qui étaient ravis
de sa bonne contenance.

Sa pauvre dame de mère était dans une tour du
château, à pleurer tendrement : car, bien qu'elle fût
joyeuse que son fils fût en passe de parvenir, son
amour de mère lui faisait venir les larmes. Cependant,
quand on vint lui dire : « Madame, si vous voulez
venir voir votre fils, il est à cheval, prêt à partir », la

bonne et noble dame sortit par le derrière de la tour, fit venir son fils vers elle et lui dit ces paroles : « Pierre, mon ami, vous allez au service d'un noble prince. Autant qu'une mère peut commander à son enfant, je vous recommande trois choses de toutes mes forces. Si vous les faites, soyez assuré que vous triompherez en ce monde.

« La première, c'est qu'avant tout vous aimerez, craindrez et servirez Dieu, sans jamais l'offenser, s'il vous est possible : car c'est Dieu qui nous a tous créés, c'est lui qui nous fait vivre, c'est lui qui nous sauvera, et sans lui, sans sa grâce, nous ne saurions faire une seule bonne œuvre en ce monde. Tous les soirs et tous les matins recommandez-vous donc à lui, et il vous aidera.

« La seconde, c'est que vous soyez doux et courtois envers tous les gentilshommes, en chassant loin de vous tout orgueil. Soyez humble et serviable pour tout le monde, ne soyez ni médisant ni menteur ; restez sobre dans le boire et dans le manger ; fuyez l'envie, qui est un vilain vice. Ne soyez ni flatteur ni rapporteur : car ce sont là des manières d'être qui ne concourent pas à notre perfection. Soyez loyal en actions et en paroles ; tenez vos promesses. Soyez secourable aux pauvres veuves et aux orphelins : Dieu vous en récompensera.

« La troisième chose, c'est qu'avec les biens que Dieu vous donnera vous soyez charitable aux pauvres nécessiteux : donner pour l'amour de Dieu n'appauvrit jamais un homme ; et, croyez-moi, mon enfant, l'aumône que vous pourrez faire sera un grand profit pour votre corps et pour votre âme. Voilà tout ce que je vous recommande. Je crois bien que votre père et moi nous ne vivrons plus guère : Dieu vous fasse la grâce, au moins tant que nous serons en vie, que nous n'ayons jamais sur vous que de bons rapports. »

Alors le bon Chevalier, malgré son jeune âge, lui répondit : « Madame ma mère, aussi humblement qu'il m'est possible, je vous remercie de vos bons enseignements, et j'espère les suivre si exactement que, moyennant la grâce de Celui à la garde duquel vous me confiez, vous en aurez du contentement. Maintenant, après m'être très humblement recommandé à votre bonne grâce, je vais prendre congé de vous. »

Alors la bonne dame tira de dedans sa manche une petite bourse dans laquelle il y avait seulement six écus en or et un en monnaie, et la donna à son fils ; puis elle appela un des serviteurs de l'évêque de Grenoble, auquel elle remit une petite malle où il y avait un peu de linge pour les besoins de son fils, en le priant que quand celui-ci serait présenté à monseigneur de Savoie, il voulût bien recommander au serviteur de l'écuyer auquel on le confierait qu'il prît un peu garde à l'enfant jusqu'à ce qu'il fût un peu plus âgé. Après quoi elle lui bailla deux écus pour remettre à cet homme.

C'est alors que l'évêque de Grenoble prit congé de la compagnie et appela son neveu, qui, pour se trouver sur son gentil roussin, se croyait au paradis. Les deux voyageurs se mirent en route droit vers Chambéry, où se trouvait en ce moment le duc de Savoie.

CHAPITRE III

Comment l'évêque de Grenoble présenta son neveu, le bon Chevalier sans peur et sans reproche, au duc Charles de Savoie, qui le reçut joyeusement.

En quittant le château de Bayard, par un samedi après le déjeuner, ledit évêque de Grenoble chevaucha de manière à arriver vers le soir dans la ville de Chambéry. Le clergé alla au-devant de lui : car cette ville, de toute ancienneté, fait partie de l'évêché de Grenoble [1].

Le lendemain, qui était un dimanche, l'évêque se leva de bon matin et s'en alla faire la révérence au duc de Savoie, qui le reçut avec un visage souriant, lui donnant bien à penser que sa venue lui faisait grand plaisir. Ils devisèrent ensemble tout le long du chemin depuis le palais jusqu'à l'église, où le duc allait entendre la messe, à laquelle l'évêque lui donna à baiser, comme il convenait au prince, l'évangile et la patène.

Après la messe, le duc emmena l'évêque par le bras dîner avec lui. Pendant le repas, le bon Chevalier servait à boire à son oncle et avait un joli maintien. Le duc fit attention à l'enfant, à cause de sa jeunesse, et demanda à l'évêque : « Monseigneur de Grenoble, qui donc est ce jeune enfant qui vous sert à boire ?

1. Chambéry est depuis 1779 une ville épiscopale.

— Monseigneur, répondit l'évêque, c'est un homme d'armes que je suis venu vous présenter, pour votre service, s'il vous convient ; mais il n'est pas présentement en état de vous être donné : après le dîner, si c'est votre plaisir, vous le verrez.

— Vraiment, reprit le duc, qui avait déjà pris l'enfant en affection, il faudrait être bien singulier pour refuser un tel cadeau. »

Le bon Chevalier, qui avait déjà été prévenu par son oncle, ne s'amusa guère aux morceaux après le dîner ; il courut au logis faire seller son roussin. Après lui avoir bien fait sa toilette, il l'enfourcha et s'en vint à beaux petits pas dans la cour du palais du duc de Savoie, qui était déjà sorti de la salle à manger et se tenait appuyé à une galerie. C'est de là qu'il vit entrer le jeune enfant, qui faisait bondir son cheval, à faire croire qu'il était un homme de trente ans qui aurait vu la guerre toute sa vie. Alors le duc dit à l'évêque de Grenoble : « Monseigneur, je crois que c'est votre petit mignon qui monte si bien à cheval ?

— Oui, monseigneur, répondit l'évêque ; il est d'une race où il y a eu de nobles chevaliers. Son père, grâce aux coups qu'il a reçus dans les guerres et les batailles où il s'est trouvé, est tellement travaillé aujourd'hui par la faiblesse et par la vieillesse, qu'il n'a pu venir se présenter devant vous ; il se recommande très humblement à votre bonne grâce et vous fait présent de son fils.

— En bonne foi ! répondit le duc, je l'accepte avec plaisir ; le présent est beau et honnête !... »

Puis il commanda à un de ses écuyers d'écurie, en qui il avait le plus de confiance, de prendre sous sa garde le jeune Bayard, qu'il croyait devoir devenir un jour un grand homme de bien.

CHAPITRE IV

Comment le duc de Savoie quitta Chambéry pour aller voir le roi de
France, Charles VIII, dans sa ville de Lyon, et emmena avec lui le
bon Chevalier sans peur et sans reproche, son page.

Le bon Chevalier demeura page du duc de Savoie
environ six mois, et pendant ce temps il se fit aimer
de tous, grands et petits, comme jamais enfant ne le
fut. Il était serviable aux seigneurs et aux dames, que
c'en était merveille. En toutes choses, il n'y avait à lui
comparer ni page ni seigneur : il sautait, luttait, jetait
la pierre et chevauchait le mieux du monde. Aussi
son maître ne l'aurait pas aimé davantage s'il eût été
son fils.

Un jour, étant à Chambéry, le duc de Savoie résolut
d'aller voir le roi de France à Lyon, où était alors
Charles VIII avec ses princes et gentilshommes, en
train de mener joyeuse vie, chaque jour faisant des
joutes ou des tournois, chaque soir dansant et ballant
avec les dames de l'endroit, qui sont belles et gra-
cieuses à souhait.

A dire vrai, ce jeune roi Charles était un des meilleurs princes, des plus courtois, des plus libéraux et
charitables qu'on ait jamais vus dans l'histoire. Il aimait
et craignait Dieu, ne jurait jamais que « par la foi de
mon corps ! » ou autre petit serment. Ce fut grand dommage que la mort le prît sitôt, à l'âge de vingt-huit ans !

car s'il eût vécu longtemps, il eût accompli de grandes choses.

Le roi Charles apprit que le duc de Savoie venait le voir et qu'il était déjà à la Verpillière, voulant coucher à Lyon.

Il envoya au-devant de lui un noble prince de la maison de Luxembourg, qu'on appelait le seigneur de Ligny, avec plusieurs autres gentilshommes et des archers de sa garde, qui rencontrèrent le duc à deux lieues environs de Lyon.

Le duc et le seigneur de Ligny se firent un chaud accueil, car tous deux étaient remplis d'honneur. Penla route, le seigneur de Ligny tourna ses regards sur le jeune Bayard, qui était sur son roussin, trottant fort gentiment et le faisant merveilleusement voir. Le seigneur de Ligny dit au duc de Savoie : « Monseigneur, vous avez là un page qui chevauche un beau gaillard de cheval, et de plus il sait joliment le manier.

— Sur ma foi! reprit le duc, il n'y a pas six mois que l'évêque de Grenoble m'en fit présent. Il ne faisait que sortir de l'école; mais je ne vis jamais garçon de son âge se tenir si bravement à cheval ou à pied, et il y a fort bonne grâce. Je vous avertis, monseigneur mon cousin, qu'il est d'une race où il y a eu de gaillards et hardis gentilshommes; je crois qu'il fera comme eux. »

Puis le duc dit au bon Chevalier : « Bayard, piquez donc et donnez carrière à votre cheval! »

Ce que le jeune enfant, qui ne demandait pas mieux, fit sur-le-champ; et il le sut très bien faire. Même, au bout de la course, il fit faire à son cheval, qui était fort gaillard, trois ou quatre sauts merveilleux, qui réjouirent toute la compagnie.

« Sur ma foi, monseigneur, dit le seigneur de Ligny, voilà un gentilhomme qui, à mon opinion, sera un noble et galant homme, si Dieu lui prête vie. Voulez-vous mon avis? vous feriez bien de faire présent au roi du page et du cheval. Le roi en sera fort aise : le cheval est bel et bon, et le page vaut encore mieux.

— Sur mon âme, dit le duc, puisque vous me le conseillez, je ferai ainsi. Pour arriver à quelque chose, cet enfant ne saurait être à meilleure école que dans la maison de France, où de tout temps l'honneur a élu domicile plus longtemps qu'en toute autre maison deprince. »

Tout en causant, ils firent tant de chemin qu'ils entrèrent dans Lyon, où les rues étaient pleines de gens, et les fenêtres pleines de dames pour les voir passer.

CHAPITRE V

Comment le duc de Savoie alla faire la révérence au roi de France, en son logis, et du grand et honnête accueil qui lui fut fait.

Le jeudi matin, le duc Savoie alla voir le roi et le trouva au moment où il sortait de sa chambre ; il lui fit la révérence aussi profondément qu'il convenait devant un si grand et si noble prince. Mais le bon roi, qui était fils d'humilité, l'attira et l'embrassa en lui disant : « Mon cousin, mon ami, soyez le bienvenu ! Je suis joyeux de vous voir, et, sur mon âme, si vous n'étiez venu, j'avais l'intention de vous aller voir dans votre pays, où je vous eusse causé beaucoup plus de dommage[1]. »

A quoi le bon duc répondit : « Monseigneur, il est difficile que vous eussiez pu apporter du dommage à ma volonté. Tout le regret que j'aurais à vous voir venir dans mes provinces, qui sont aussi les vôtres, serait seulement que vous ne pourriez y être reçu comme il convient au prince si grand et si magnanime que vous êtes. Mais je vous avertis que je vous appartiens de cœur, de corps, d'avoir et de savoir (si Dieu en a mis en moi), autant que le moindre de vos sujets. »

Le roi, en rougissant un peu, remercia le duc.

Les deux princes montèrent ensuite sur leurs mules et allèrent en devisant, à travers la ville, jusqu'au couvent des cordeliers, où ils entendirent la messe fort dévotement.

Après la messe, ils remontèrent sur leurs mules pour retourner au logis, où le roi retint le duc de Savoie à dîner avec lui, et aussi les seigneurs de Ligny et d'Avennes. Durant le dîner, on causa de diverses choses, de chiens, d'oiseaux, d'armes et d'amours. Entre autres conversations, le seigneur de Ligny dit au roi : « Sire, je vous donne ma parole que monseigneur de Savoie veut vous donner un page qui chevauche un petit roussin fort gaillard mieux que je n'ai jamais vu faire. Je ne pense pas que le jeune garçon ait plus de quatorze ans, mais il met son cheval à la raison comme un homme de trente. S'il vous convient d'aller entendre les vêpres à Ainay, vous vous en amuserez.

---

1. *Dommage* signifie *frais, dépenses*. Nous avons été obligé de conserver *dommage* dans la traduction, parce que le duc joue sur ce même mot dans sa réponse.

— Par la foi de mon corps! dit le roi, je le veux bien. »

Puis il se tourna vers le duc de Savoie en lui disant : « Mon cousin, qui vous a donné ce gentil page dont parle le cousin de Ligny? »

A quoi le duc répondit : « Monseigneur, c'est un de vos sujets; il est d'une maison de votre province du Dauphiné, d'où il est sorti de vaillants gentilshommes; son oncle, l'évêque de Grenoble, m'en a fait présent depuis six mois. Monseigneur mon cousin l'a vu, et il en dit beaucoup de bien : si cela vous fait plaisir, vous verrez le page et le cheval dans la prairie d'Ainay. »

Le bon Chevalier n'était pas là; mais on lui raconta toute l'affaire et que le roi le voulait voir sur son cheval. Je crois que s'il eût gagné la ville de Lyon, il n'eût pas été plus content. Il alla trouver incontinent le maître palefrenier du duc de Savoie, qu'on nommait Pizou de Chenas, et lui dit : « Maître, mon ami, j'apprends que le roi a dit à monseigneur qu'il voulait voir mon roussin après dîner, et moi dessus : je vous prie de tout mon cœur que vous vouliez bien le faire arranger, et je vous donnerai de grand gré ma dague courte. »

Le maître palefrenier, qui voyait la bonne volonté du jeune garçon, lui dit : « Bayard, mon ami, gardez votre dague; je n'en veux point, et je vous remercie. Allez seulement vous peigner et vous nettoyer; votre cheval sera bien arrangé. Dieu vous donne la bonne fortune que le roi de France vous prenne en grâce! Il vous en peut arriver beaucoup de bien, et qui sait si, avec l'aide de Dieu, vous ne serez pas un jour un si grand seigneur que je m'en sentirai un peu.

« Sur ma foi! maître, dit le bon Chevalier, jamais je

n'oublierai les courtoisies que vous m'avez faites depuis que j'appartiens à monseigneur, et si Dieu me donne jamais des biens, vous vous en apercevrez. »

Sans perdre de temps, Bayard monta dans la chambre de son écuyer, où il nettoya ses vêtements, se peigna et s'accoutra le plus joliment qu'il put, en attendant

Le bon Chevalier sur son roussin.

qu'il eût quelques nouvelles. Cela ne tarda pas : sur les deux ou trois heures arriva l'écuyer d'écurie de monseigneur de Savoie, qui était chargé de Bayard. Il venait le demander et le trouva tout prêt. Sur quoi, il lui dit tout fâché : « Bayard, mon ami, je vois bien que je ne vous garderai guère; car j'apprends que monseigneur a déjà fait présent de vous au roi, qui

veut vous voir sur votre roussin dans la prairie d'Ainay. Je ne suis pas marri de votre avancement; mais,
sur ma foi! j'ai grand regret de me séparer de vous. »

A quoi le jeune Bayard répondit : « Monseigneur
l'écuyer, Dieu me donne la grâce de persévérer dans
les vertus que vous m'avez enseignées depuis l'heure
que monseigneur vous chargea de moi! Si je puis, avec
l'aide du Seigneur, vous n'aurez jamais de reproche
à mon sujet; et si je parviens jamais où je puisse vous
rendre service, vous connaîtrez de fait de combien je
me sens votre obligé. »

Après ces paroles, on ne perdit plus de temps, car
l'heure approchait. L'écuyer monta sur un cheval et
fit monter le bon Chevalier sur son roussin, qui était
si bien peigné et harnaché que rien n'y manquait. Ils
s'en allèrent attendre le roi et sa compagnie dans la
prairie d'Ainay. Le prince venait par eau sur la Saône;
dès qu'il fut sorti du bateau, il alla voir sur la prairie
le jeune Bayard monté sur son roussin, l'écuyer à côté
de lui. Le roi lui cria : « Page, mon ami, donnez de
l'éperon à votre cheval! »

Ce que le cavalier fit incontinent. Il semblait à le
voir partir qu'il eût fait ce métier toute sa vie. Au bout
de la course, il fit sauter son cheval deux ou trois fois;
puis s'en retourna, sans rien dire, à bride abattue, vers
le roi, devant qui il s'arrêta court en faisant caracoler
sa monture. Aussi le roi et toute sa compagnie y pri-
rent-ils un singulier plaisir. Le roi se mit à dire à
monseigneur de Savoie : « Mon cousin, il est impossible de mieux piquer un cheval. »

Puis, s'adressant au page : « Pique, pique encore un
coup, » lui dit-il.

Après le roi, les pages lui crièrent à leur tour :

« Piquez ! piquez ! » Bayard en fut pendant quelque temps surnommé *Piquet*.

« Vraiment, dit encore le roi au duc, je vois devant mes yeux ce que le cousin de Ligny m'a dit à dîner ; je ne veux pas attendre que vous me donniez votre page et votre cheval, mais je vous les demande.

— Monseigneur, répondit le duc de Savoie, le maître est à vous, le reste y peut bien être. Dieu lui donne la grâce de vous rendre quelque agréable service !

— Par la foi de mon corps ! dit le roi, il est impossible qu'il ne soit homme de bien. Cousin de Ligny, je vous baille le page en garde ; mais je ne veux pas qu'il perde son cheval : il demeurera toujours dans votre écurie. »

Le seigneur de Ligny remercia très humblement le roi, se trouvant très satisfait de ce présent ; car il estimait qu'il ferait de Bayard un homme qui lui ferait un jour beaucoup d'honneur, ce qui se réalisa dans la suite plus d'une fois.

Le bon Chevalier fut trois ans seulement page dans la maison du seigneur de Ligny, qui l'en fit sortir à dix-sept ans et l'enrôla dans sa compagnie ; il le retint toutefois parmi les gentilshommes de sa maison.

CHAPITRE VI

Comment un gentilhomme de Bourgogne, nommé messire Claude de
Vaudray, vint à Lyon, avec la permission du roi de France, faire
des passes d'armes, tant à cheval qu'à pied ; comment il suspendit
ses écus [1], que devaient venir toucher ceux qui voulaient se battre
avec lui, et comment le bon Chevalier, trois jours après qu'il fut mis
hors de pages, toucha à tous les écus.

Le duc de Savoie demeura quelque temps à Lyon,
faisant fort bonne chère avec le roi comme avec les
princes et seigneurs de France. Il s'avisa enfin qu'il était
temps de retourner dans ses pays et demanda congé au
roi, qui ne lui donna que bien à regret ; mais il n'est si
bonne compagnie qui ne doive se séparer un jour.

Le roi de France alla visiter son royaume, et, deux
ou trois ans après, il se retrouva dans la même ville de
Lyon, où vint un gentilhomme de Bourgogne, nommé
messire Claude de Vaudray, très habile homme d'armes,
qui fit supplier le roi de lui permettre, afin de garder les
jeunes gentilshommes contre l'oisiveté, de dresser un
pas d'armes, tant à cheval qu'à pied, avec course de lance
et coups de hache. La permission lui fut donnée : car le
bon roi, après le service de Dieu, qu'il observait assez
soigneusement, ne demandait que joyeux passe-temps.

Messire Claude de Vaudray arrangea son affaire du
mieux qu'il put : il fit suspendre ses écus, auxquels

____

1. *Écus*, blason, armes.

tous les gentilshommes qui désiraient se montrer aux tournois venaient toucher, et se faisaient inscrire auprès du roi d'armes qui avait cette charge.

Un jour passa devant les écus le bon Chevalier, qu'on surnommait *Piquet,* depuis le temps où le roi lui avait donné ce nom dans la prairie d'Ainay. Il se dit en lui-même : « Hélas! mon Dieu! si je savais comment m'équiper, je toucherais bien volontiers ces écus pour apprendre les armes! »

Et sur ce, Bayard demeura coi et tout pensif. Il avait avec lui un compagnon de la maison du seigneur de Ligny, appelé Bellabre, qui lui dit : « A quoi songez-vous donc, mon compagnon? vous me paraissez tout inquiet.

— Sur ma foi, répondit Bayard, mon ami, cela est vrai, et je vais vous en donner la raison. Il a plu à monseigneur de me mettre hors de pages [1], et il a eu la grâce de m'équiper et de me mettre au rang de gentilhomme. J'ai fort envie de toucher aux écus de messire Claude; mais je ne sais, après l'avoir fait, qui me fournirait des harnais et des chevaux. »

Alors Bellabre, qui était plus âgé que lui et était un gentilhomme fort vaillant, répondit : « Mon compagnon, mon ami, pourquoi vous mettre en souci? n'avez-vous pas votre oncle, ce gros abbé d'Ainay? Je fais vœu à Dieu que nous irons le trouver; et s'il ne baille beaux deniers, nous lui prendrons sa crosse et sa mitre; mais je crois que, quand il connaîtra votre juste désir, il s'exécutera volontiers. »

Et sur ces paroles, Bayard va toucher aux écus.

---

1. *Hors de pages* : l'expression est ici dans son sens propre : quitter les pages pour passer chevalier.

Montjoie, le roi d'armes, qui était là pour inscrire les noms, lui dit : « Comment, Piquet, mon ami, vous n'aurez barbe avant trois ans, et vous vous mêlez de combattre contre messire Claude, qui est un des plus rudes chevaliers qu'on sache ! » Celui-ci répondit : « Montjoie, mon ami, ce que j'en fais n'est ni par orgueil ni par outrecuidance : j'ai seulement le désir d'apprendre les armes petit à petit avec ceux qui peuvent me les montrer. Et, s'il plaît à Dieu, j'aurai la chance de faire quelque chose pour l'honneur des dames. » Sur quoi Montjoie se prit à rire.

Le bruit courut aussitôt dans tout Lyon que Piquet avait touché aux écus de messire Claude. Cela vint jusqu'aux oreilles du seigneur de Ligny, qui courut l'apprendre au roi. Celui-ci s'en réjouit fort et dit : « Par la foi de mon corps ! cousin de Ligny, votre élève vous fera honneur un jour, j'en ai le pressentiment.

— Nous verrons ce qu'il en sera, répondit le seigneur de Ligny ; Piquet est encore bien jeune pour supporter les coups de messire Claude. »

Le plus difficile n'était pas pour le bon Chevalier d'avoir touché aux écus, c'était de trouver de l'argent pour avoir des chevaux et un équipement. Il vint à son compagnon Bellabre et lui dit : « Mon compagnon, mon ami, je vous prie d'être mon intermédiaire auprès de monseigneur d'Ainay, mon oncle, pour lui demander de l'argent ; je sais bien que si mon oncle monseigneur de Grenoble était ici, il ne me laisserait manquer de rien ; mais il est à son abbaye de Saint-Surnin, à Toulouse. C'est trop loin : jamais un homme n'y serait allé et revenu à temps.

— Soyez tranquille, lui dit Bellabre, nous irons, vous et moi, à Ainay, et j'espère que nous ferons l'affaire. »

Cela donna un peu de joie au bon Chevalier : pourtant il ne dormit guère cette nuit-là. Bellabre et lui

Montjoie, le roi d'armes, qui était là...

couchaient ensemble ; ils se levèrent matin et prirent un des bateaux de Lyon pour se faire conduire à Ainay.

En descendant, le premier homme qu'ils trouvèrent dans la prairie, ce fut l'abbé, qui disait ses heures avec un de ses religieux. Tous deux saluèrent les jeunes gentilshommes ; mais l'abbé, qui avait déjà entendu dire que son neveu avait touché aux écus de messire Claude et qui se doutait qu'il lui faudrait financer, ne leur fit pas grand accueil. Il s'adressa à son neveu et lui dit : « Qui vous a donné l'audace de toucher aux écus de messire Claude de Vaudray? Il n'y a pas trois jours que vous étiez page, et vous n'avez pas seulement dix-sept ou dix-huit ans ! Vous devriez encore recevoir les verges, vous qui vous piquez de tant d'orgueil ! »

A quoi le bon Chevalier répondit : « Je vous donne ma parole que ce n'est pas l'orgueil qui m'a fait faire cela ; c'est le désir et la volonté d'atteindre, par de beaux faits, à l'honneur de vos ancêtres et des miens : voilà ce qui m'a donné cette audace. Je vous supplie, monseigneur, de toutes mes forces, puisque je n'ai ni parent ni ami à qui je puisse présentement avoir recours si ce n'est vous, que vous vouliez bien m'aider de quelques deniers pour acheter ce qui m'est nécessaire.

— Sur ma foi, répondit l'abbé, cherchez ailleurs qui vous prêtera de l'argent : les biens donnés par les fondateurs de cette abbaye l'ont été pour y servir Dieu, et non pour les dépenser en joutes et en tournois. »

Quand l'abbé eut ainsi parlé, le seigneur de Bellabre lui repartit : « Monseigneur, sans les vertus et les prouesses de vos ancêtres, vous n'auriez pas été abbé d'Ainay ; vous n'y êtes parvenu que par leur entremise. Il faut avoir de la reconnaissance pour les biens qu'on a reçus du passé, et conserver l'espérance d'être récompensé de ceux qu'on fait à son tour. Votre neveu, mon compagnon, est de bonne race ; il est aimé du roi et de monseigneur notre maître : s'il veut parvenir, vous devriez en être joyeux. Eh bien, il faut

l'aider aujourd'hui : cela ne vous coûtera pas deux
cents écus pour l'équiper, et il peut vous rapporter de
l'honneur pour plus de dix mille écus. »

L'abbé ajouta encore quelques mots; mais à la fin il
consentit à venir en aide au bon Chevalier.

CHAPITRE VII

Comment l'abbé d'Ainay bailla cent écus au bon Chevalier pour avoir
deux chevaux, et écrivit une lettre à un marchand de Lyon pour
qu'il lui procurât les vêtements nécessaires.

L'abbé et les deux gentilshommes s'entretinrent encore quelque temps; puis l'abbé les mena dans son
logis et fit ouvrir une petite armoire vitrée, où il prit
une bourse dont il tira cent écus, qu'il donna à Bellabre
en lui disant : « Mon gentilhomme, voilà cent écus que
je vous baille pour acheter deux chevaux à ce vaillant
homme d'armes; quant à lui, il a encore la barbe trop
jeune pour manier l'argent. Je m'en vais écrire un mot à
Laurencin, qui lui donnera les habillements nécessaires.

— C'est fort bien fait, monseigneur, dit Bellabre; et
je vous affirme que qui le saura vous en fera honneur. »

L'abbé demanda de l'encre et du papier pour écrire
à Laurencin, qu'il pria de donner à son neveu ce qui
lui serait nécessaire pour s'équiper à ce tournoi,
s'imaginant au fond qu'il n'aurait pas à débourser
cent francs de marchandises. Mais il en alla tout autrement, comme vous l'allez voir.

Dès que les gentilshommes eurent leur lettre, ils prirent congé de l'abbé, non sans que le bon Chevalier l'eût très humblement remercié de la courtoisie qu'il lui faisait. Ils reprirent leur petit bateau pour rentrer à Lyon, tout joyeux de ce qu'ils avaient si bien réussi. En route, Bellabre dit : « Savez-vous ce qu'il y a, compagnon? quand Dieu envoie des bonnes fortunes aux gens, il faut savoir en profiter. Nous avons une lettre pour Laurencin ; allons vite chez lui, avant que votre abbé ait pensé à ce qu'il a fait : il n'a point fixé dans sa lettre le montant de la somme pour laquelle on vous habillera. Par la foi de mon corps! vous serez joliment équipé pour votre tournoi, et de plus pour d'ici à un an! D'ailleurs vous ne tirerez plus rien désormais de votre abbé. »

Le bon Chevalier, qui ne demandait pas mieux, se mit à rire et dit à son ami : « Par ma foi ! mon compagnon, la chose va bien ainsi ; mais je vous prie, hâtons-nous, car j'ai grand'peur que si l'abbé s'aperçoit de ce qu'il a fait, il n'envoie dare dare un de ses gens spécifier pour combien d'argent il entend qu'on me baille des vêtements. »

Leur idée était bonne, comme vous en jugerez. Ils firent se hâter la batelière, qui les mena près des Changes, où ils débarquèrent pour aller en hâte au logis de Laurencin. Ils le trouvèrent dans sa boutique et le saluèrent ; c'était un fort honnête marchand, qui leur rendit leur salut. Bellabre prit ensuite la parole : « Par mon âme! sire Laurencin, mon compagnon et moi nous venons de voir un honnête abbé : c'est monseigneur d'Ainay.

— Je vous promets bien que oui, dit Laurencin ; c'est un grand homme de bien, et qui me tient au

nombre de ses bons serviteurs. J'ai eu dans ma vie
affaire avec lui pour vingt mille francs ; jamais je n'ai
trouvé homme plus rond.

— Vous ne devinerez pas la gracieuseté qu'il a faite à
son neveu, mon compagnon que voici ? dit Bellabre. Il a
su qu'il avait touché aux écus de messire Claude de Vaudray, et qu'il voulait éprouver sa vaillance, afin d'acquérir de la gloire, comme ses ancêtres ; alors, sachant que
nous couchions ensemble, il nous a envoyé quérir tous
deux ce matin, et après nous avoir fait très bien déjeuner,
il a donné trois cents beaux écus à son neveu pour avoir
des chevaux, et davantage encore pour s'équiper, en
sorte qu'il n'y ait parmi la compagnie personne de mieux
arrangé que lui. Voici une lettre à votre adresse pour
que vous donniez à son neveu ce dont il aura besoin. »

Puis il remit la lettre à Laurencin, qui reconnut
tout de suite la signature de monseigneur l'abbé.

« Je vous assure, messeigneurs, dit Laurencin, qu'il
n'y a rien ici qui ne soit à vos ordres, et à ceux de
monseigneur qui m'écrit. Voyez seulement ce qu'il
vous faut. »

Les jeunes gens firent déployer des draps d'or et
d'argent, des satins brochés, des velours et autres
soies, dont ils prirent pour la valeur de sept ou huit
cents francs. Après quoi, ils prirent congé de Laurencin pour s'en aller chez eux, et envoyèrent aussitôt
chercher des tailleurs pour faire les vêtements.

Mais retournons un peu à l'abbé, qui fut bien aise
quand il fut débarrassé de son neveu. Il commanda
qu'on apportât le dîner et se mit à table en compagnie. Entre autres propos, il dit tout haut : « J'ai eu une
terrible étrenne ce matin ; mon gars de neveu,
Bayard, a eu la folie d'aller toucher aux écus de mes-

sire Claude, et il est venu ce matin me demander de l'argent pour s'équiper : j'en ai été pour mes cent écus. Et encore n'est-ce pas tout ! il m'a fallu écrire à Laurencin de bailler à mon neveu ce qu'il lui demanderait pour s'habiller sous le harnois. »

A quoi le secrétaire de l'abbé répondit : « Ma foi, monseigneur, vous avez bien fait. Votre neveu veut suivre l'exemple de monseigneur votre grand-père, qui fut un si vaillant homme, et celui de tous ses parents. Je ne vois qu'un mal dans cette affaire : le garçon est jeune et volontaire ; vous avez écrit à Laurencin de lui bailler ce qu'il demandera : je suis sûr qu'il le fera, quand même il serait question de deux mille écus ; j'ai peur que votre neveu n'en prenne pour plus que vous ne croyez. »

L'abbé réfléchit là-dessus et répondit : « Par saint Jacques ! secrétaire, vous dites vrai : je n'ai point écrit la somme sur le billet. »

Il ajouta presque aussitôt : « Qu'on m'appelle le maître d'hôtel ! »

Celui-ci se présenta sur l'heure.

« Pour aujourd'hui, Nicolas, dit l'abbé, un autre servira bien à votre place. Allez à la ville chez Laurencin, et dites-lui que je lui ai écrit ce matin de fournir quelques habillements à mon neveu Bayard pour le tournoi de messire Claude ; qu'il lui en baille pour cent ou cent vingt francs, mais pas plus. Et ne faites que d'aller et venir. »

Le maître d'hôtel partit aussitôt, mais c'était encore trop tard. Quand il arriva chez Laurencin, celui-ci était à table ; mais comme il connaissait la maison, il monta en haut et salua la compagnie : « Monseigneur le maître d'hôtel, dit Laurencin, vous venez à point ; lavez-vous les mains et venez faire comme nous.

— Je vous remercie, répondit-il, ce n'est pas pour cela que je viens. Monseigneur m'envoie parce qu'il vous a écrit aujourd'hui de bailler à son neveu Bayard quelques vêtements. »

Laurencin n'attendit pas que le maître d'hôtel eût achevé et dit : « Monseigneur le maître, j'ai déjà fait tout cela, et je vous assure que Bayard sera fort bien habillé. C'est un très honnête et jeune gentilhomme, monseigneur fait bien de lui venir en aide.

— Et pour combien lui en avez-vous fourni ? dit le maître d'hôtel.

— Ma foi ! je ne sais pas ; il faut que je voie mon papier et le récépissé au dos de la lettre de monseigneur ; il me semble cependant qu'il y en a pour environ huit cents francs.

— Aïe ! par Notre-Dame ! vous avez tout gâté !

— Pourquoi ? dit Laurencin.

— Parce que, reprit le maître d'hôtel, monseigneur vous faisait dire par moi de ne lui en bailler que pour cent ou cent vingt francs.

— La lettre ne dit pas cela, reprit Laurencin, et si le jeune homme m'en avait demandé davantage, je lui en aurais donné : c'est ainsi du reste que me le disait monseigneur.

— Il n'y a plus de remède à l'affaire, fit le maître d'hôtel. Adieu ! »

Il s'en retourna à Ainay, où il trouva encore la compagnie comme il l'avait laissée.

Quand l'abbé vit son maître d'hôtel, il lui dit : « Eh bien ! Nicolas, avez-vous fait ma commission à Laurencin ?

— Oui, monseigneur, mais je suis arrivé trop tard ;

votre neveu avait déjà fait son marché, et il n'en a pris que pour huit cents francs.

— Pour huit cents francs ! sainte Marie ! dit l'abbé. Voilà un vilain petit paillard [1] ! Mais vous connaissez où il loge, allez le trouver, et dites-lui que s'il ne va vite rendre à Laurencin ce qu'il a pris chez lui, qu'il ne me rançonnera jamais plus, même d'un denier. »

Le maître d'hôtel fit ce que lui commandait monseigneur, et s'en vint à Lyon, croyant trouver son homme. Mais celui-ci, qui s'était bien douté de l'affaire, avait dit à ses serviteurs : « Si quelqu'un des gens de monseigneur d'Ainay vient me demander, vous lui ferez force excuses, et arrangez-vous pour que je ne lui parle point. » Il avait averti de même tous les gens de son logis.

Quand le maître d'hôtel vint demander Bayard, on lui dit qu'il était chez monseigneur de Ligny.

L'homme y courut, ne le trouva pas et retourna au logis du gentilhomme. On lui dit qu'il était allé essayer des chevaux de l'autre côté du Rhône. Bref, le maître d'hôtel revint plus de dix fois, mais sans jamais trouver Bayard. Il finit par s'en retourner, devinant qu'on se moquait de lui.

Quand il fut de retour à Ainay, il dit à monseigneur que c'était perdre son temps que de chercher son neveu ; il avait été plus de dix fois à son logis, mais on ne pouvait l'y trouver ; sans doute qu'il se faisait cacher. Alors l'abbé s'écria : « Par mon serment ! c'est un mauvais garçon ; mais il s'en repentira. »

La colère de l'abbé se passa comme elle put ; c'est tout ce qu'il en eut.

---

1. *Paillard* vient de *paille*, et se disait au propre des gens d'écurie. Ce mot devient une injure à l'adresse du page.

CHAPITRE VIII

Comment le bon Chevalier sans peur et sans reproche et son compagnon se montèrent de chevaux et se garnirent de vêtements, et comment le bon Chevalier marcha gentiment et selon ses forces contre messire Claude de Vaudray.

Vous avez deviné qu'aussitôt que le bon Chevalier et son compagnon eurent ce qu'ils voulaient de Laurencin, ils ne perdirent pas leur temps chez le tailleur, se doutant bien de ce qui allait arriver. Ils firent diligence à se pourvoir de tout ce qu'il leur fallait, et rentrèrent à leur logis, d'où ils envoyèrent immédiatement chercher des tailleurs pour leur faire à chacun trois accoutrements de tournoi. Le bon Chevalier voulait en effet que son compagnon portât sa livrée : et ils se partagèrent tout également.

Quand ils se furent occupés de leurs habillements, Bellabre dit : « Compagnon, il faut maintenant que nous allions voir des chevaux. Je sais un gentilhomme du Piémont, logé au Marché-aux-Graines, qui a un bas roussin bien relevé et bien fringant : il fera votre affaire. Il me semble qu'il a aussi un petit coursier bai qui est fort adroit. On m'a dit qu'il veut les vendre, parce qu'il y a huit jours, en montant ses bêtes, il s'est rompu une jambe. Allons voir ce que c'est. »

Ils se rendirent au logis du gentilhomme piémontais, qu'ils trouvèrent en sa chambre, fort mal en point à cause de sa jambe. Ils le saluèrent. Bellabre prit la parole et dit : « Mon gentilhomme, voici mon compagnon qui désire acquérir la couple de chevaux que vous avez ; on nous a dit que vous vouliez les vendre à cause de l'accident qui vous est arrivé et dont nous sommes bien fâchés.

— Sur ma foi ! messeigneurs, répondit le gentilhomme, cela est vrai ; mais ce n'est pas sans me faire de la peine, car mes chevaux sont bons et beaux. Enfin, puisque Dieu le veut ainsi, je vois bien que d'ici trois mois je ne saurais quitter la ville. Les vivres y sont chers, et mes chevaux en mangeraient pour ce qu'ils valent dans leur écurie. Vous me semblez honnêtes et vaillants gentilhommes : j'aime autant que mes chevaux soient en vos mains qu'en d'autres. Montez-les donc et allez les essayer hors de la ville avec un de mes gens ; au retour, si les bêtes vous plaisent, nous conclurons le marché. »

Les jeunes gens trouvèrent la proposition fort honnête. Les chevaux furent sellés tout de suite, et le bon Chevalier et son compagnon les montèrent. Ils les menèrent jusqu'à la prairie qui est près de la Guillotière, et les firent courir et trotter. Ils s'en trouvèrent satisfaits, et retournèrent au logis du gentilhomme pour faire le marché et lui demander le prix qu'il les voulait vendre.

« Par ma foi, dit-il, si j'étais bien portant, il n'y a homme sur terre (à moins de vouloir lui en faire présent) à qui je les donnerais pour moins de deux cents écus ; mais pour l'amour de vous je veux bien vous les laisser, le roussin pour soixante écus, et le courserot[1] pour cinquante : cela fait cent dix écus ; vous ne les aurez pas à moins. »

1. *Courserot,* petit cheval.

Les jeunes gens virent que l'homme était raisonnable
et se contentèrent de lui répondre : « Mon gentilhomme,
vous aurez les cent dix écus, et, par-dessus le marché,
deux gentilhommes à votre service. »

L'homme les remercia ; ils mirent la main à leur

Il faisait là son jeu d'essai, et c'était un rude début.

bourse et lui baillèrent les cent dix écus, et en donnèrent deux autres pour boire aux serviteurs. Les chevaux furent menés par leurs gens à leur logis, où ils
les firent soigneusement panser et harnacher. Il n'y
avait plus que trois jours avant l'entreprise préparée
par messire de Vaudray : aussi chaque combattant se
mettait-il en mesure selon ses moyens.

Enfin messire Claude ouvrit son pas d'armes, selon

l'ordonnance qu'il avait fait publier, avec la permission du roi de France. Ce fut un lundi qu'il se mit sur les rangs. Plusieurs bons et gaillards gentilshommes de la maison du bon roi s'essayèrent contre lui, et chacun, comme bien vous pensez, fit de son mieux.

Or telles étaient les règles du tournoi, que quand chaque combattant avait fait ce à quoi il était tenu, on le menait le long de la lice, visière levée, afin que l'on sût qui venait de se battre bien ou mal.

Le bon Chevalier, qui n'avait que dix-huit ans (il n'avait pas fini de grandir et il était maigre et pâle), se mit sur les rangs pour tâcher de faire comme les autres. Il faisait là son jeu d'essai, et c'était un rude début : car il avait affaire à un des chevaliers de guerre les plus adroits et les plus habiles qui fussent au monde. Cependant, je ne sais comment cela arriva, ou si Dieu voulut lui en donner la gloire, ou si messire Claude s'amusa avec lui ; mais il ne se trouva pas dans tout le tournoi un homme qui, à pied ou à cheval, fît mieux ni aussi bien que lui. Aussi les dames de Lyon lui attribuèrent-elles l'honneur du combat. Comme on vient de le dire, il fallait, après avoir fait son devoir, faire le tour de la lice visière levée. Quand il fallut que le bon Chevalier le fît, assez honteux d'ailleurs, les dames lui firent honneur, en disant dans leur patois lyonnais : « *Vécz-vous cestou malotru*[1] ! il a mieux fait que les autres !* »

Tout le reste de l'assistance lui fit si bonne grâce, que le bon roi Charles dit à son souper, pour lui faire plus d'honneur encore : « Par la foi de mon corps !

---

1. *Malotru*, dans son sens propre, signifie *mal bâti*. On vient de dire en effet que Bayard était long et pâle.

Piquet a un commencement qui, à mon avis, finira par
une bonne fin. »

CHAPITRE IX

Comment le seigneur de Ligny envoya le bon Chevalier en garnison
en Picardie, où se trouvait sa compagnie ; comment il fut logé en
une jolie petite ville appelée Aire, et comment, à son arrivée, ses
compagnons allèrent au-devant de lui.

Après le tournoi, le seigneur de Ligny appela un
matin le bon Chevalier et lui dit : « Piquet, mon ami,
pour vos débuts vous avez eu pas mal de bonheur ;
mais les armes veulent qu'on s'y exerce. Bien que
vous fassiez encore partie de ma maison à trois cents
francs par an et avec trois chevaux à livrée [1], je vous
ai mis dans ma compagnie. Je veux que vous alliez à
la garnison voir vos compagnons ; vous y trouverez
d'aussi gaillards hommes d'armes qu'il peut y en avoir
dans toute la chrétienté, et qui s'exercent souvent en
faisant des joutes et des tournois pour plaire aux dames
et pour acquérir de l'honneur. Il me semble qu'en
attendant quelque vent de guerre, vous ne pourrez
mieux être qu'au milieu d'eux. »

Le bon Chevalier, qui ne demandait pas autre chose,
répondit : « Monseigneur, pour tout le bien et l'honneur que vous m'avez faits et que vous me faites encore

---

1. *A livrée* se dit de tout ce qui était fourni pour le service de l'État
ou d'un prince.

chaque jour, vous ne pouvez pour le moment tirer de moi autre chose que de très humbles remercie- ments. Je prie Notre-Seigneur qu'il vous veuille rendre tous vos bienfaits. Je n'ai pas de plus grand désir aujourd'hui que d'aller voir ma compagnie ; car je n'y saurais demeurer si peu de temps que, si j'en crois tout le bien que j'en entends dire, je n'en vaille mieux de tout le reste de ma vie. Aussi je partirai dès demain, si c'est votre bon plaisir. »

Le seigneur de Ligny dit : « Je le veux bien ; mais il faut d'abord que vous preniez congé du roi : je vous mènerai près de lui après le dîner. »

Ce qui fut fait. Ils trouvèrent le roi au moment où il se levait de table, et le seigneur de Ligny lui dit : « Sire, voici votre Piquet, qui s'en va voir ses compa- gnons de Picardie : il vient prendre congé de vous. »

Le bon Chevalier se mit à genoux d'un air assuré ; le roi le regarda avec plaisir et lui dit en souriant : « Piquet, mon ami, Dieu veuille que vous continuiez comme vous avez commencé, et vous deviendrez un grand homme. Vous allez dans un pays où il y a de belles dames ; faites en sorte de conquérir leurs grâces. Adieu, mon ami !

— Grand merci, sire, » dit le bon Chevalier, qui fut aussitôt embrassé par tous les princes et seigneurs, qui lui disaient adieu, en même temps que plusieurs gen- tilshommes, qui étaient aux regrets de ce qu'il quittât la cour. Il n'en était pas de même pour le Chevalier, et il lui tardait fort d'être déjà où il devait se rendre.

Le roi fit appeler un de ses valets de chambre, qui avait quelques deniers dans son coffre, et lui commanda de bailler au bon Chevalier trois cents écus ; il lui fit de même donner un des plus beaux coursiers de son écurie. Bayard donna au valet de chambre trente écus, et dix à celui qui lui amena le coursier ; et partout l'on dit merveilles de sa libéralité.

Le seigneur de Ligny le ramena chez lui, et, le soir, le sermonna comme si c'eût été son propre enfant, lui recommandant par-dessus tout d'avoir toujours l'honneur devant les yeux. Le Chevalier a toujours, jusqu'à sa mort, observé cette recommandation. Quand il fut l'heure d'aller se coucher, le seigneur de Ligny lui dit : « Piquet, mon ami, je crois que vous partirez demain matin plus tôt que je ne serai levé ; je vous recommande à Dieu. »

Puis il l'embrassa les larmes aux yeux. Le bon Chevalier, genou en terre, prit congé de son maître et s'en retourna chez lui, où il fut reconduit par tous ses compagnons, dont il ne prit pas congé sans grandes embrassades. En montant à sa chambre, il y trouva le tailleur du seigneur de Ligny avec deux vêtements complets que lui envoyait son maître. Bayard lui dit : « Mon frère, mon ami, si j'avais su ce beau présent, j'en aurais remercié monseigneur, qui m'a déjà tant fait d'autres biens que je ne saurais jamais m'en acquitter envers lui. Vous ferez, s'il vous plaît, cela pour moi. »

Il tira de sa bourse vingt écus, qu'il donna au tailleur.

Un de ses serviteurs vint alors lui dire : « Monseigneur, Guillaume le palefrenier a amené dans votre écurie le bon roussin de monseigneur, et il m'a dit que monseigneur vous le donnait ; mais il est reparti, parce qu'on le demandait, et a dit qu'il viendrait vous parler demain matin.

— Il ne me trouvera pas, dit le Chevalier, car je veux être à cheval à la pointe du jour. »

Puis se retournant vers le tailleur et lui donnant dix écus, il lui dit : « Mon ami, je vous prie, baillez cela à Guillaume le palefrenier, et enfin vous saluerez pour moi, s'il vous plaît, toute la belle et noble compagnie de la maison de monseigneur. »

Ce que le tailleur promit bien de faire.

Quand ce dernier fut parti, le bon Chevalier fit faire ses malles et tout arranger pour pouvoir partir de bon matin. Il se mit ensuite au lit; mais il était près de minuit, et il n'eut guère le temps de reposer.

Dès qu'il fut levé, il fit d'abord partir ses grands chevaux (il en avait six) avec ses bagages. Il se mit en route derrière eux avec cinq ou six beaux et triomphants courtauds[1], après avoir pris congé de son hôte et de son hôtesse et les avoir remerciés pour le temps qu'il était resté chez eux. Son compagnon Bellabre fut prêt aussitôt que Bayard, qu'il accompagna jusqu'à l'Arbresle, où ils dînèrent. Ils prirent ensuite congé l'un de l'autre, mais sans grands embarras : car Bellabre comptait suivre son compagnon trois ou quatre jours après. Le bon Chevalier fit sa route à petites journées, parce qu'il faisait conduire en main ses grands chevaux. Il parvint enfin à trois journées de la ville d'Aire[2], où il envoya en avant un de ses gens retenir un logis. Quand les gentilshommes de la compagnie surent que Piquet était si près d'eux, ils montèrent à cheval, tous ou peu s'en faut, pour aller au-devant de lui : tant ils avaient envie de voir un compagnon dont on leur avait répété tant de bien. Ils

---

1. *Courtauds*, chevaux dont on raccourcissait les oreilles et la queue. Ils trottaient mieux que les *grands chevaux* ou *chevaux de bataille*, que pour cette raison l'on conduisait en main.

2. Aire-sur-la-Lys, département du Pas-de-Calais.

étaient plus de cent vingt, tous jeunes gentilshommes, qui rencontrèrent Bayard à une demi-lieue de la ville.

Il ne faut pas demander s'ils lui firent un chaud accueil ; ils le conduisirent, tout en causant joyeusement, jusque dans la ville, où les dames étaient aux fenêtres : car elles avaient déjà entendu parler de la noblesse de cœur du bon chevalier Piquet, et chacune désirait le connaître.

Le bon Chevalier fut mené à son logis par ses compagnons ; un souper était déjà prêt. Une partie de ses compagnons demeura avec lui ; ils menèrent joyeuse vie, l'interrogeant sur ses habitudes, le félicitant d'avoir pour ses débuts si bien combattu contre messire Claude de Vaudray, enfin l'accablant d'éloges. Mais le bon Chevalier ne laissa pas un seul instant voir qu'il en éprouvait de la joie : il répondait galamment à ce qu'on lui disait, répétant : « Messeigneurs mes compagnons, c'est à grand tort qu'on me donne tant de louanges ; je n'ai point encore si bien fait que je puisse avoir un grand mérite ; pourtant, s'il plaît à Notre-Seigneur, et avec votre bonne aide, il se peut que j'arrive à compter parmi les gens de bien. »

On laissa là ce chapitre, et l'on causa d'autres sujets. L'un des gentilshommes de la compagnie, nommé Tardieu, homme joyeux et facétieux, adressa la parole au bon Chevalier : « Compagnon, mon ami, je vous avertis que dans toute la Picardie il n'y a point de plus belles dames que dans cette ville. Il n'est pas probable que vous soyez venu tenir garnison sans écus ; il faut, pour votre arrivée, faire un peu parler de vous pour gagner par de beaux faits la grâce des dames de ce pays. Il y a longtemps qu'il n'y a eu de prix donné en cette ville ; je vous supplie de nous en donner un d'ici à huit jours. Ne me refusez pas, de grâce, pour la première requête que je vous adresse de ma vie. »

A quoi répondit le bon Chevalier :

« Sur ma foi, monseigneur de Tardieu, me demanderiez-vous plus grosse affaire, que je ne saurais vous éconduire ! Comment voulez-vous l'être pour celle-ci, qui me plaît autant, si ce n'est plus qu'à vous-même ? Si vous voulez bien m'envoyer demain matin le trompette et demander congé à notre capitaine, je m'arrangerai pour vous satisfaire. »

Tardieu lui dit :

« Ne vous inquiétez pas du congé, le capitaine Louis d'Ars nous l'a donné pour tous les jours ; ce n'est point, du reste, pour mal faire. Il n'est pas ici présentement, mais il y sera dans quatre jours ; s'il y trouvait mal, je prends la chose sur moi.

— Eh bien ! donc, reprit le Chevalier, on fera demain comme vous voulez. »

CHAPITRE X

Comment le bon Chevalier fit publier dans la ville d'Aire un tournoi pour l'amour des dames, où il y avait pour celui qui se conduirait le mieux un beau bracelet d'or et un beau diamant pour donner à sa dame.

Bien que le bon Chevalier eût grand besoin de repos, à cause de la préoccupation que lui avait causée la demande de son compagnon Tardieu, il ne dormit pas

de la nuit. Il pensa à préparer son tournoi, et, après
y avoir réfléchi, il en fixa l'exécution de la manière
que vous allez voir. Quand Tardieu le vint voir le matin
et lui amena le trompette, il trouva l'ordonnance du
tournoi déjà tout écrite. La voici : « Pierre de Bayard,
jeune gentilhomme et apprenti en armes, natif du
Dauphiné, des compagnies du roi de France, sous la
charge et la conduite de haut et puissant seigneur de
Ligny, fait crier et publier un tournoi en dehors de
la ville d'Aire, près des murailles, au vingtième jour
de juillet, tournoi ouvert à tous venants, de trois coups
de lance sans lice [1], à fer émoussé, et en harnais de
guerre [2], et douze coups d'épée ; le tout à cheval : le
meilleur combattant recevra un bracelet d'or, émaillé
aux couleurs dudit Bayard, et du prix de trente écus.
Le lendemain on combattra à pied, en poussant de la
lance devant une barrière à hauteur du nombril, et,
après la lance rompue, à coups de hache jusqu'à la
discrétion des juges et de ceux qui garderont le camp :
le meilleur combattant recevra un diamant de quarante
écus. »

Quand Tardieu eut vu l'ordonnance, il s'écria :
« Pardieu ! compagnon, jamais Lancelot, Tristan ou
Gauvain [3] n'ont mieux fait ! Trompette, allez crier cela
par la ville et, pendant trois jours, de garnison en garnison, pour en avertir tous nos amis.

Sur ces entrefaites, pendant qu'on attendait le jour

---

1. *Lice,* tampon qu'on plaçait au bout de la lance pour amortir les
coups.

2. *Harnais* se disait de *l'armure;* le mot n'est plus employé aujour-
d'hui que pour l'équipement d'un cheval.

3. Trois héros fameux des légendes du moyen âge. Ce sont trois
personnages que l'on rencontre sans cesse dans les *Romans de la
Table ronde.*

désiré, arriva le noble chevalier, le capitaine Louis
d'Ars, qui fut très heureux d'être arrivé assez tôt pour
avoir sa part de la fête. Quand le bon Chevalier connut l'arrivée de son capitaine, il alla lui faire sa révérence, et tous deux se firent un excellent accueil.

Pour ajouter encore à la fête, Bellabre arriva le lendemain ; ce qui mit la compagnie en pleine gaieté.

Vint enfin le jour fixé pour commencer le tournoi.
Un des juges du camp était le bon capitaine Louis
d'Ars, et l'autre était le seigneur de Saint-Quentin, de
la compagnie des Écossais. On compta quarante-six
gentilshommes sur les rangs. Par le sort et sans aucune tromperie, on en mit vingt-trois d'un côté et vingt-
trois de l'autre. Quand ils furent prêts à bien faire, le
trompette se mit à sonner et cria point par point les
conditions du tournoi.

Le bon Chevalier se présenta le premier sur les
rangs, ayant contre lui un de ses voisins du Dauphiné,
nommé Tartarin, qui était un rude homme d'armes.
Ils coururent l'un sur l'autre si violemment que Tartarin rompit sa lance à un demi-pied du fer. Le bon
Chevalier l'attaqua alors au haut du grand garde-bras
et lui mit sa lance en cinq ou six morceaux. Les clairons en retentirent impétueusement, car la joute avait
été merveilleusement belle.

Après avoir achevé leur course, les deux champions
se replacèrent pour la seconde reprise. Tartarin s'arrangea si bien cette fois qu'il faussa avec sa lance le
garde-bras du Chevalier à l'endroit du canon [1], et toute
la compagnie crut qu'il avait le bras percé. Mais le
bon Chevalier donna au Tartarin un coup au-dessus de

---

1. *Canon,* brassard d'avant-bras.

la visière et lui enleva le petit chapeau de plumes qu'il
avait au-dessus de son cimier.

La troisième lance fut aussi bien et même mieux
rompue que les deux autres.

Après leurs passes d'armes, Bellabre se présenta,
ayant contre lui un homme d'armes écossais qu'on appelait le capitaine David de Fougas ; ils rompirent leurs
trois lances aussi bien que gentilshommes peuvent
faire.

Vint ensuite le combat à l'épée. Selon la règle, le
bon Chevalier commença. Au troisième coup qu'il
donna, il avait déjà rompu son épée en deux morceaux, ce qui ne l'empêcha pas de faire son devoir
mieux que jamais et de tirer le nombre de coups fixé.

Les autres vinrent après selon leur ordre ; et, au
dire des assistants comme des deux juges, jamais en un
jour il n'y avait eu plus belle course de lance ni plus
beau combat à l'épée.

Au soir, tous se réunirent au logis du bon Chevalier,
qui avait fait dresser un triomphant souper. Il y eut
force dames : car, de dix lieues à la ronde, toutes les
dames de Picardie ou à peu près étaient venues voir
ce beau tournoi. On festoya triomphalement, et, après
le souper, il y eut des danses et autres divertissements.

Le lendemain, pour achever ce qu'on avait commencé, tous les soldats se réunirent chez leur capitaine Louis d'Ars, où se trouvait déjà le bon Chevalier,
qui l'était venu prier de venir dîner chez lui avec le
seigneur de Saint-Quentin en la compagnie des dames
de la veille. Ce qui fut convenu. On alla entendre la
messe, et après vous auriez pu voir tous les jeunes
gentilshommes prendre les dames par-dessous le bras

et les conduire, tout en devisant joyeusement, jusqu'au logis où ils avaient fait si bonne chère la veille au soir, et où ils la firent meilleure encore ce jour-là.

Mais après le dîner seigneurs et dames ne demeurèrent guère au logis : car, sur les deux heures, tous ceux qui faisaient partie du tournoi se remirent sur les rangs, selon l'ordonnance du second jour. Celui qui ne pensait pas avoir le prix de la première journée espérait le mériter à la seconde.

Une fois les juges, les seigneurs et les dames arrivés sur les lieux, le bon Chevalier commença le pas d'armes à la manière accoutumée. Contre lui se présenta un gentilhomme du Hainaut, fort estimé, qui s'appelait Hanotin de Sucker. Les deux champions, pardessus la barrière, se ruèrent de grands coups à longueur de lance jusqu'à ce qu'ils les eurent rompues. Ils prirent ensuite leurs haches, qu'ils avaient au côté, et se donnèrent de grands et rudes horions, à faire croire que le combat était à mort. Le bon Chevalier porta enfin à son adversaire un tel coup à l'endroit de l'oreille, qu'il le fit chanceler, et, qui pis est, tomber sur les deux genoux ; puis le chargeant encore pardessus la barrière, il lui fit baiser la terre, bon gré mal gré. Ce que voyant, les juges crièrent : « Holà ! holà ! c'est assez, qu'on se retire ! »

Après vinrent Bellabre et Arnautou de Pierre-Forade, puis Tardieu et David l'Écossais, et les autres. Chacun fit si bien à son tour, qu'il était sept heures avant qu'ils eussent fini, et, pour un petit tournoi, ceux qui y assistèrent virent aussi bien faire qu'ils n'avaient vu de leur vie.

Mais après le souper, qui avait lieu au logis du bon Chevalier, on résolut d'en finir et de prier les juges de déclarer qui devait avoir le prix. Ceux-ci s'en remirent au jugement de plusieurs gentilshommes expérimentés en armes et à l'avis des dames, sans favoriser personne. Enfin les gentilshommes aussi bien que les dames déclarèrent que, bien que chacun eût aussi bien fait son devoir que possible, néanmoins leur avis était que, dans les deux journées, le bon Chevalier avait été le meilleur combattant ; c'est pourquoi on lui remettait les présents, comme étant celui qui les avait gagnés, et il les distribuerait comme bon lui semblerait.

Le trompette sonna pour faire silence. Alors le seigneur de Saint-Quentin dit : « Messeigneurs qui êtes ici tous assemblés, et tous ceux qui ont fait partie du tournoi en deux journées dont messire Bayard a proposé les prix, monseigneur d'Ars et moi, juges délégués par vous tous pour donner sentence raisonnable, vous faisons assavoir : qu'après vous être bien et dûment enquis près de tous les vertueux et honnêtes gentilshommes qui ont été présents à ces faits d'armes et aussi près des nobles dames que vous voyez ici présentes, avons trouvé que chacun a très bien et très honnêtement fait son devoir ; mais la commune voix est que, sans blâmer les autres, le seigneur de Bayard a été sur tous, pendant les deux journées, le mieux combattant : c'est pourquoi les seigneurs et les dames lui remettent l'honneur de donner les prix à qui bon lui semblera. »

Et s'adressant au bon Chevalier, il lui dit : « Seigneur de Bayard, voyez à qui vous les donnerez. »

Bayard en fut tout honteux et demeura pensif un instant ; puis il dit : « Monseigneur, je ne sais par quelle faveur on me fait cet honneur. Il me semble qu'il y en a qui l'ont beaucoup mieux mérité que moi ;

mais, puisqu'il plaît aux seigneurs et aux dames que
j'en sois le juge, je supplie messeigneurs mes compagnons, qui ont mieux fait que moi, de ne pas en
éprouver de déplaisir, et je donne le prix de la première journée à monseigneur de Bellabre et celui de
la seconde au capitaine David l'Écossais. »

Puis il fit délivrer les présents, et jamais homme ni
femme ne murmura contre ce jugement. Les danses
et les divertissements commencèrent alors. Les dames
ne pouvaient se rassasier de dire du bien du bon Chevalier, qui fut plus aimé en Picardie que jamais
homme le fut depuis. Il y resta deux ans, pendant
lesquels il se fit plusieurs tournois et fêtes où le plus
souvent il remporta le prix.

La meilleure raison de ce que tout le monde l'aimait,
c'était qu'on n'eût su trouver sur la terre une personne
plus généreuse et plus gracieuse : si d'aventure un de
ses compagnons perdait son cheval, il le remettait en
selle ; s'il avait un écu, chacun en avait sa part. Malgré sa jeunesse, la première chose qu'il faisait sitôt
levé, c'était de servir Dieu. Il était généreux en aumônes, et, durant toute sa vie, il ne se trouva pas un
homme qui pût dire que le Chevalier lui eût refusé
quelque chose qui était en son pouvoir.

Au bout de deux ans, le jeune roi de France Charles
entreprit son voyage à Naples, où le seigneur de Ligny
l'accompagna. Avant de partir il envoya querir le bon
Chevalier : car, connaissant ses vertus et le bien qu'on
disait de lui, il ne voulait pas s'en priver.

CHAPITRE XI

Comment le roi de France Charles VIII se prépara pour aller conquérir le royaume de Naples, qu'il gagna par ses prouesses et par sa
valeur, sans grande effusion de sang.

Deux ans après, ou environ, le bon roi Charles résolut d'aller conquérir le royaume de Naples. Les causes
de cette expédition sont suffisamment racontées dans
les autres histoires et chroniques pour que je n'en
fasse pas un long récit. Ce ne serait qu'ennuyer le lecteur et gâter du papier. En un mot, comme chacun a
pu le lire ou l'entendre dire, le bon roi Charles fit là
une expédition aussi honorable que possible : il planta
ses gibets dans Rome, mit le pape à la raison, conquit
tout le royaume de Naples, y laissa pour lieutenant
général et vice-roi le seigneur de Montpensier, et se
mit en route pour revenir en France. Il ne fut arrêté
qu'à Fornoue, où il trouva devant lui au moins soixante
mille Italiens, du pape, de Venise et du duc de Milan,
qui comptaient battre le roi et le faire prisonnier,
parce qu'ils croyaient qu'il avait laissé une partie de
ses troupes dans le royaume qu'il venait de conquérir,
et qu'il n'avait avec lui que dix mille hommes au plus.

Cependant le bon et noble prince, qui avait un cœur
de lion, persuadé qu'il serait bien servi par le peu de
gens qu'il avait avec lui, résolut d'attendre l'ennemi et
de le battre. Il y réussit avec l'aide de Notre-Seigneur,

et les Italiens remportèrent grande honte et firent de grosses pertes. Le roi eut des succès inestimables : il ne perdit pas sept cents hommes, tandis que les ennemis en perdirent de huit à dix mille, et des plus marquants ; et si une rivière ne fût venue à croître miraculeusement, leur échec eût été plus considérable.

A la première charge, le bon Chevalier se comporta victorieusement parmi tous les gens de la compagnie du

Entrée de Charles VIII à Naples.

seigneur de Ligny, son maître, et il eut deux chevaux tués sous lui. Le roi, qui l'apprit, lui fit donner cinq cents écus, et en revanche le bon Chevalier lui offrit une enseigne de cavalerie qu'il avait prise à la poursuite des Italiens.

De Fornoue le roi vint à petites journées à Verceil, où il rencontra un beau corps de Suisses, qui étaient venus à son secours en cas de besoin. Il demeura là quelques jours avec son camp pour secourir le duc d'Orléans, que le duc de Milan, Ludovic Sforza, et les Vénitiens tenaient assiégé dans Novare.

Intérieur de l'église de Saint-Denis.

Il y eut plusieurs allées et venues de gens qui s'entremettaient pour faire la paix, si bien qu'il survint un un arrangement, après lequel le roi s'en retourna à petites journées à Lyon, où il retrouva la bonne reine, sa loyale épouse, en compagnie de la duchesse de Bourbon, sa sœur.

Le bon roi de France quitta Lyon pour aller à Saint-Denis de France visiter l'église du bon patron où ses ancêtres ont leur sépulture. Il passa ensuite deux ou trois ans à visiter son royaume, menant une très sainte vie et rendant la justice à la satisfaction de tous ses sujets.

Il apprit que les Napolitains s'étaient révoltés au profit de Ferrand, fils du roi Alphonse, que son lieutenant général le comte de Montpensier était mort et que tous ses capitaines rentraient en France. Il se proposa de retourner à Naples en personne, quand il serait opportun.

Cependant il vivait très vertueusement et il eut de sa femme trois enfants, qui malheureusement moururent. Au mois de septembre 1496, le bon prince quitta Tours pour se rendre à Lyon, dans l'intention de partir pour Naples. Mais le voyage fut remis, je ne sais pourquoi, et le roi revint à Amboise. Le septième jour d'avril de la même année, dans une galerie où il regardait jouer à la paume, il lui prit une faiblesse dont *il mourut bientôt après*.

Ce fut un malheur irréparable pour le royaume de France : car, depuis qu'il y a des rois, il n'y en eut pas d'un meilleur naturel, de plus gracieux, de plus clément ni de plus miséricordieux. Je crois que Dieu a retiré notre bon roi parmi les bienheureux, car il n'était entaché d'aucun vilain vice. Je n'ai pas fait grand discours de sa vie, parce qu'on la trouve suffisamment racontée ailleurs.

CHAPITRE XII

Comment Louis, duc d'Orléans, obtint la couronne, comme le plus
proche héritier, et fut appelé Louis XII.

Par la mort du bon roi Charles et parce qu'il ne
laissait point d'héritier mâle, Louis, duc d'Orléans, le
plus proche de la couronne, succéda au trône, et fut
sacré à Reims le vingt-septième jour de mai 1497. Il
prit la couronne à Saint-Denis le premier jour de juillet
suivant. Il avait épousé d'abord Jeanne de France,
sœur de son prédécesseur; mais comme il ne pouvait
avoir d'enfants avec elle, il la renvoya dans son duché
du Berry, et, avec la permission du pape, se remaria
avec la reine, duchesse de Bretagne, veuve du feu roi
Charles.

A son avènement il voulut vendre tous les offices
royaux qui n'étaient pas de judicature; car il avait
merveilleusement soin de ne point fouler son peuple
de tailles et d'impôts.

Il désirait toujours par-dessus tout reprendre le
duché de Milan, qui lui appartenait par sa grand'mère,
madame Valentine, et que détenait alors Ludovic
Sforza. Il alla donc faire son entrée à Lyon le dixième
jour de juillet 1499; puis il fit passer son armée par
la province d'Asti, sous la conduite du seigneur de
Trivulce et du seigneur d'Aubigny, qui en entrant prirent et mirent à sac les deux petites places d'Asmona

Cathédrale de Reims.

et de Rocca d'Arezzo. Ils marchèrent ensuite sur Alexandrie et assiégèrent les partisans du seigneur Ludovic; la ville fut prise malgré leur belle défense. Les gens de Ludovic, l'apprenant, se soumirent au roi de France, et Ludovic, se voyant délaissé par ses sujets, abandonna Milan et se retira en Allemagne près du roi des Romains, Maximilien, qui le reçut avec plaisir. Aussitôt après son départ, les gens de Milan se rendirent aux Français, et le roi de France ne tarda pas à faire son entrée dans cette ville.

Louis XII.

Peu de jours après on trouva le moyen, à force de deniers et de promesses, de se faire livrer le château par celui qu'y avait laissé le seigneur Ludovic. C'était là faire un lâche et méchant tour à son maître, qui comptait toujours avec son château pouvoir recouvrer son duché.

Quand les autres places apprirent que le château de Milan s'était rendu, elles perdirent tout espoir et firent leur soumission au roi de France.

Le roi ne demeura guère dans le duché de Milan. Après y avoir laissé pour gouverneur le seigneur Jean-Jacques Trivulce et donné la garde du château au

seigneur d'Espy, il s'en revint à Lyon. Avant son départ du duché, il avait diminué les taxes et les imposi-
tions d'un tiers, ce dont tout le peuple lui fit gloire et
ce qui lui gagna les cœurs de beaucoup de ses nou-
veaux sujets.

Il ne séjourna guère à Lyon, mais il pénétra plus
avant dans son royaume et vint jusqu'à Orléans.

CHAPITRE XIII

Comment, après la conquête du duché de Milan, le bon Chevalier
demeura en Italie; comment il dressa un tournoi dans la ville de
Carignan, en Piémont, et en remporta le prix.

Quand le roi de France Louis XII quitta l'Italie,
tout joyeux et en liesse d'avoir conquis le duché de
Milan, les garnisons de Français demeurèrent en Italie à donner joutes, tournois et autres divertissements. Le bon Chevalier, qui en son jeune âge avait
été élevé dans la maison de Savoie, alla visiter une
vaillante dame, qui avait épousé son premier maître,
le duc Charles de Savoie. La dame s'appelait Blanche
et restait en Piémont dans une ville de son douaire,
appelée Carignan. Comme elle était pleine de courtoisie, elle reçut le Chevalier avec joie et le fit traiter
comme un parent de la famille.

Il y avait là une fort honnête dame, nommée madame de Fruzasque, qui avait été gouvernante de la
princesse et qui l'était encore, tandis que son mari, un

honnête gentilhomme, dirigeait toute la maison. Il
faut que vous sachiez que quand le Chevalier fut donné
pour page au duc de Savoie, cette dame de Fruzasque
était jeune demoiselle et restait dans la maison auprès
de la duchesse. Comme les jeunes gens se fréquentent
volontiers, ils se prirent d'amour l'un pour l'autre en
toute honnêteté, et s'ils eussent été libres, ils se fussent pris en mariage. Mais je vous ai dit que le duc
alla à Lyon voir le roi Charles VIII et lui donna le bon
Chevalier pour page : les deux jeunes gens se perdirent donc de vue pour longtemps ; car le voyage de
Naples se fit, et plusieurs autres choses arrivèrent, si
bien que pendant trois ou quatre ans ils ne purent se
voir ni s'entretenir que par lettres. Pendant ce temps,
la demoiselle fut mariée au seigneur de Fruzasque, qui
avait beaucoup de biens, et qui la prit pour sa bonne
grâce, car elle n'avait guère de fortune.

Madame de Fruzasque, en femme vertueuse et pour
faire comprendre au Chevalier que l'amour honnête
qu'elle lui avait porté dans sa jeunesse durait encore,
lui fit toutes les gracieusetés qu'il est possible de faire
à un gentilhomme, et ils devisèrent longuement ensemble de leur jeunesse. Cette gentille dame de Fruzasque était d'une beauté aussi accomplie et d'un parler aussi doux et aussi gracieux qu'on peut trouver
chez une femme. Elle accablait le bon Chevalier de
louanges ; elle lui rappelait ses beaux faits, le jour où
il s'était essayé contre messire Claude de Vaudray ; le
tournoi qu'il avait gagné à Aire en Picardie, tout
l'honneur qu'il avait remporté à la journée de Fornoue, et tout ce dont on faisait grand bruit en France
et en Italie. La dame le louait et le glorifiait tant, que
le pauvre gentilhomme en rougissait de honte. Elle lui

dit ensuite : « Monseigneur de Bayard, mon ami, c'est ici la première maison où vous avez été élevé ; ce serait grande honte de ne point vous y faire connaître aussi bien que vous avez fait ailleurs. »

Le bon Chevalier répondit : « Madame, vous savez bien que, dès ma jeunesse, je vous ai aimée, estimée et honorée, et je vous tiens pour une personne sage et si bien apprise que vous ne voudriez point de mal à qui que ce soit et moins encore à moi : dites-moi donc, s'il vous plaît, ce que vous voulez que je fasse pour faire plaisir à madame ma bonne maîtresse, surtout à vous, et aussi aux autres personnes de la belle et bonne compagnie qui est ici. »

La dame de Fruzasque lui dit alors : « Il me semble, monseigneur de Bayard, si cela ne vous ennuie pas, que vous feriez bien de donner quelque tournoi dans cette ville pour l'honneur de madame, qui vous en saura beaucoup de gré ; vous avez autour d'ici beaucoup de gentilshommes français, vos compagnons, et des gentilshommes de ce pays, qui y viendront de bon cœur, j'en suis persuadée.

— Vraiment, reprit le bon Chevalier, ce sera fait comme vous le voulez : vous êtes la première dame en ce monde qui ait conquis mon cœur à son service par sa bonne grâce. Je vous prie seulement de me donner un de vos bracelets, dont j'ai besoin. »

La dame, qui ne savait ce qu'il en voulait faire, le lui donna, et il le mit, sans plus d'affaires, dans la manche de son pourpoint. Le souper fut prêt, et chacun y fit bonne chère ; puis commencèrent les danses, où chacun fit du mieux qu'il put. Quant à madame Blanche, elle devisa longtemps avec le bon Chevalier, jusqu'à ce que minuit sonnât et qu'il fût temps de se retirer.

Vous pensez bien que le Chevalier ne dormit pas de
toute la nuit : il songea à ce qu'il avait à faire, et le résolut dans sa tête. Il envoya dès le matin un trompette dans toutes les villes des environs où il y avait
garnison, signifier aux gentilshommes que, s'ils voulaient se trouver dans quatre jours, le dimanche, dans
la ville de Carignan et en habillement d'hommes
d'armes, il donnait un prix, qui était un bracelet de

Le bon Chevalier lui bailla un si grand coup...

sa dame, auquel il accrochait un rubis de l'estimation
de cent ducats, pour celui qui ferait le mieux dans trois
courses de lance sans lice et à douze coups d'épée.

Le trompette fit son devoir, et rapporta une liste de
quinze gentilshommes qui avaient promis de se trouver au tournoi.

Cela vint à la connaissance de madame Blanche,
qui en fut très joyeuse et fit monter son échafaud sur
la place où devaient avoir lieu les courses et le combat.

Le jour assigné, une heure environ après midi, le

bon Chevalier se trouva sur les rangs, armé de toutes armes, avec trois ou quatre de ses compagnons, comme le seigneur de Bouvaus, le seigneur de Montdragon et autres, et peu de temps après se présentaient tous ceux qui devaient concourir.

Le bon Chevalier commença le premier, et le seigueur de Rovastre se présenta contre lui. C'était un gaillard gentilhomme, qui portait l'enseigne du duc Philibert de Savoie, et un hardi et habile chevalier : il donna un beau coup de lance et là brisa en trois ou quatre morceaux; mais le bon Chevalier lui bailla un si grand coup sur le haut de sa grande buffleterie [1], qu'il le désarma, le perça à jour et fit voler sa lance en cinq ou six éclats. Le seigneur de Rovastre ramassa sa buffleterie pour courir sa seconde lance, et il fit très bien son devoir : car il la rompit aussi bien et même mieux que la première ; mais le bon Chevalier l'atteignit dans la visière, lui emporta du coup son panache et le fit chanceler; toutefois le seigneur resta sur son cheval. A la troisième lance, le seigneur de Rovastre manqua son but, mais le bon Chevalier rompit sa lance en éclats.

Après eux vinrent Montdragon et le seigneur de Chevron, *puis les autres, et finalement tous se comportèrent si bien que l'assistance se montra satisfaite.*

Les lances rompues, on en vint aux épées. Le bon Chevalier frappa à peine deux coups, qu'il avait déjà rompu la sienne et fait voler hors des mains celle de son adversaire. Les autres se présentèrent ensuite l'un contre l'autre, et chacun fit du mieux possible. Il était fort tard quand chacun eut fini.

---

1. La *grande buffleterie* servait à garantir le bras qui tenait la lance. — Il s'agit peut-être aussi de toute la partie du casque qui protège la figure.

Madame fit inviter par le seigneur de Fruzasque tous
les gentilshommes à venir souper au château. Ils ac-
ceptèrent, et croyez qu'ils furent bien traités, car on
s'y entendait fort bien dans la maison. Après souper,
les hautbois et les ménétriers se mirent à jouer; mais,
avant de commencer les danses, on résolut de donner
le prix à celui qui l'avait justement mérité.

Les seigneurs de Grammont et de Fruzasque, qui
étaient les juges, demandèrent l'avis de tous les assistants, des gentilshommes, des dames et même des
combattants; tous répondirent que le bon Chevalier
avait gagné le prix par le droit des armes, et les juges
vinrent le lui présenter; mais il le refusa, tout rouge de
honte, en disant que c'était à tort et sans cause qu'on
lui attribuait cet honneur; que s'il avait bien agi en
quelque chose, la cause en était à madame de Fruzasque, qui lui avait prêté son bracelet, et que c'était
elle qu'il chargeait de donner le prix, à sa place, à
qui bon lui semblerait. Le seigneur de Fruzasque, qui
connaissait la grande loyauté du bon Chevalier, n'en
éprouva aucune jalousie et vint droit à sa femme avec
le seigneur de Grammont, qui prit la parole : « Madame, en présence de votre mari, que voici, monseigneur de Bayard, à qui l'on donne le prix du tournoi,
a dit que c'était vous qui l'aviez gagné, avec le bracelet que vous lui aviez donné; c'est pourquoi il vous le
remet pour en faire ce qu'il vous plaira. »

La dame, qui était merveilleusement honorée, ne
s'en émut pas, mais remercia très humblement le bon
Chevalier de l'honneur qu'il lui faisait, et parla ainsi :

« Puisqu'il en est ainsi, que monseigneur de Bayard
me fait l'honneur de dire que mon bracelet lui a fait
gagner le prix, je le garderai toute ma vie pour l'amour

de lui ; quant au rubis, puisqu'il ne veut pas l'accepter comme vainqueur, je suis d'avis qu'il soit donné à monseigneur de Montdragon, puisqu'on tient que c'est le combattant qui a le mieux fait après le Chevalier. »

Il fut fait ainsi que la dame l'ordonnait, sans que personne en murmurât.

Ces gentilshommes furent encore pendant cinq à six jours en joie et en fête à Carignan, faisant grande chère ; puis ils s'en retournèrent dans leurs garnisons.

Le bon Chevalier prit congé de madame sa bonne maîtresse. Il alla aussi faire ses adieux à la dame de Fruzasque, qui ne fut pas sans tomber en larmes, et lui, de son côté, avait le cœur bien serré. Leur honnête amour a duré entre eux jusqu'à la mort, et il n'y avait pas d'année qu'ils ne s'envoyassent des présents l'un à l'autre.

Au château, pendant un mois, on ne parla que des prouesses, de l'honneur, de la douceur et de la courtoisie du bon Chevalier ; et il y était aussi estimé et aimé que s'il en eût dû être l'héritier.

CHAPITRE XIV

Comment le seigneur Ludovic Sforza revint d'Allemagne avec bon nombre de lansquenets et reprit la ville de Milan sur les Français.

Je vous ai dit comment le seigneur Ludovic se retira en Allemagne près du roi des Romains. Il n'y alla pas sans emporter beaux deniers : il en avait besoin, d'ailleurs, pour ce qu'il voulait entreprendre ; en effet, peu de temps après avoir été chassé, il retourna en Lombardie avec bon nombre de lansquenets, quelques Suisses, quelques hommes d'armes de Bourgogne et force chevaux d'Allemagne, et le troisième jour de janvier, grâce à des intelligences qu'il avait dans la place, il reprit Milan. Les Français en furent chassés ; mais le château resta aux mains du roi. A l'exemple de Milan, plusieurs villes du duché se révoltèrent, entre autres celles qui sont sur le chemin de Gênes.

Quand le roi de France apprit les troubles de son duché de Milan, en prince magnanime, il prépara une grosse armée et lui donna pour chefs le seigneur de Ligny et Jean Jacques, qui rassemblèrent leur armée dans le pays d'Asti et se mirent en marche.

Or, pendant que le seigneur Ludovic était dans Milan et peu après qu'il eut repris cette ville, il faut que je vous conte une aventure qui arriva au bon Chevalier. Avec le congé de son maître, il était demeuré en Italie, près de Milan, pendant que le roi rentrait en France.

Un jour, le bon Chevalier, averti qu'il y avait dans Binasco trois cents chevaux faciles à attaquer, pria ses compagnons de lui tenir compagnie pour aller leur rendre visite. On l'aimait tant qu'ils ne se refusèrent pas à sa requête. Ils s'apprêtèrent de bon matin, et allèrent quarante ou cinquante pour voir s'ils feraient quelque bonne affaire.

Le capitaine qui était dans Binasco était messire Jean-Bernardin Cazoche. Il avait des espions sûrs, qui lui apprirent que les Français chevauchaient pour le venir trouver. Il ne voulut pas attendre d'être pris au nid, et fit aussi de son côté ses préparatifs. Il se retira hors des portes, à portée de deux ou trois jets d'arc, et guetta ses ennemis. Au peu de monde qu'ils étaient, il jugea avec joie qu'ils ne lui feraient pas grand déshonneur. Les combattants marchèrent les uns sur les autres au cri de *France ! France ! More ! More*[1] *!* La charge fut périlleuse, et des deux côtés il en fut jeté par terre qui ne remontèrent qu'avec peine. A voir le bon Chevalier faire ses prouesses, entamer les têtes, couper les bras et les jambes, on l'eût plutôt pris pour un lion furieux que pour un damoiseau. Enfin, le combat dura une heure sans qu'on pût dire qui avait le dessus. Ce qui mettait fort en colère le bon Chevalier, qui dit à ses compagnons : « Hé ! messeigneurs, n'aurons-nous pas aujourd'hui cette poignée d'hommes ? Si les gens de Milan le savaient, aucun de nous ne s'en tirerait ; or donc, courage, je vous prie, jetons cela par terre ! »

Sur ces paroles du bon Chevalier, ses compagnons se mirent en branle, et, poussant tous ensemble le cri de *France ! France !* ils livrèrent un rude assaut aux Lombards, qui commencèrent à perdre du terrain et à reculer en se défendant toujours convenablement. Mais en battant ainsi en retraite ils firent plus de quatre ou cinq milles du côté de Milan, et quand ils s'en virent tout près, ils tournèrent bride, et, au galop de leurs chevaux, ils prirent, à qui mieux mieux, la fuite vers la ville. Les Français les poursuivirent jusqu'auprès. Alors, l'un des plus anciens et qui s'entendait fort bien à la guerre cria : « *Tourne, homme d'armes ! tourne*[2] *!* » Tous entendirent ce cri, excepté le bon Che-

---

1. C'est-à-dire Ludovic le More.
2. C'était le commandement d'usage pour faire faire volte-face.

valier, qui, dans la chaleur de la poursuite, chassant toujours les ennemis, entra pêle-mêle avec eux dans Milan et les suivit jusqu'au palais du seigneur Ludovic. Comme on lui voyait les croix blanches [1], tout le monde criait après lui : « *Pille! pille!* » Il fut environné de toutes parts et fait prisonnier par le seigneur Jean-Bernardin Cazoche, qui le mena dans son logis et le fit désarmer. Il le trouva bien jeune gentilhomme, de vingt-deux à vingt-trois ans, et il s'émerveilla qu'à un tel âge il pût y avoir en lui tant de valeur qu'il lui en avait vu montrer.

Le seigneur Ludovic, qui avait entendu le bruit, demanda ce que c'était. Quelques gens qui savaient l'affaire la lui contèrent. Le seigneur Ludovic commanda qu'on allât querir le prisonnier et qu'on le lui amenât.

CHAPITRE XV

Comment le seigneur Ludovic voulut voir le Chevalier sans peur et sans reproche, et comment, après avoir causé avec lui, il lui fit rendre son cheval et ses armes.

Le seigneur Bernardin eut peur que, dans sa fureur, le seigneur Ludovic ne fît quelque mal au Chevalier. Comme il était un courtois et galant gentilhomme, il voulut le conduire lui-même, après l'avoir revêtu d'une de ses robes et remis en gentilhomme. Il le présenta

---

1. Les Français portaient la croix blanche sur le casque. On verra plus loin que les Espagnols portaient la croix rouge.

au seigneur, qui s'émerveilla fort de le voir si jeune et lui en fit gloire. Il lui dit d'un ton un peu rude : « Venez çà, mon gentilhomme ! qui vous amène dans cette ville ? »

Le bon Chevalier, qui ne s'émut jamais, lui repartit : « Par ma foi, monseigneur, je ne pensais pas entrer tout seul et croyais être suivi de mes compagnons ; mais ils entendent mieux la guerre que moi : car s'ils m'avaient imité, ils seraient prisonniers comme moi. Cependant, dans mon malheur, je m'estime heureux d'être tombé entre les mains d'un si bon maître que celui qui m'a pris, car c'est un très puissant et très sage chevalier. »

Le seigneur Ludovic lui demanda ensuite, sur l'honneur, de combien d'hommes était l'armée du roi de France.

« Sur mon âme, monseigneur, autant que je puis savoir, il y a quatorze ou quinze cents chevaux et de seize à dix-huit mille hommes de pied ; mais ce sont tous gens d'élite, et si bien décidés à se battre qu'ils assureront cette fois l'État de Milan au roi notre maître. Il me semble, monseigneur, que vous seriez plus en sûreté en Allemagne qu'ici ; car vos gens ne sont pas capables de nous battre. »

Le bon Chevalier parlait d'un ton si assuré, que le seigneur Ludovic s'en amusait, bien que ce qu'il entendait fût bien fait pour l'étonner ; mais, pour faire voir qu'il ne craignait guère le retour des Français, il dit au Chevalier, comme par moquerie : « Sur ma foi ! mon gentilhomme, j'ai bonne envie que l'armée du roi de France et la mienne se rencontrent ensemble ; la bataille me fera connaître au moins à qui revient de droit cet héritage ; je ne connais pas de meilleur moyen.

— Par mon serment ! monseigneur, dit le bon Chevalier, je voudrais que ce fût demain, à condition que je fusse hors de prison.

— Vraiment ! qu'à cela ne tienne, répondit le seigneur ; je vous délivre tout de suite, et, de plus, demandez-moi ce que vous voudrez, et je vous le donnerai. »

Le Chevalier, genou en terre, remercia le seigneur des offres qu'il lui faisait, comme de juste, et lui dit : « Monseigneur, je demande seulement à votre courtoisie qu'elle veuille bien s'étendre jusqu'à me faire rendre mon cheval et mes armes, et jusqu'à me renvoyer à ma garnison, qui est à vingt milles d'ici. Ce serait un grand bienfait, dont je me sentirais toute ma vie obligé envers vous, et qu'en dehors du service du roi mon maître et l'honneur restant sauf, je voudrais reconnaître en ce qu'il vous plairait me commander.

— En bonne foi ! dit le seigneur Ludovic, vous allez avoir ce que vous demandez. »

Et il dit au seigneur Jean-Bernardin : « Or donc, capitaine, qu'on lui trouve cheval, armes et tout le reste.

— Monseigneur, dit le capitaine, cela est facile : tout est chez moi. »

Quand le Chevalier fut accoutré, il monta sur son cheval sans mettre le pied à l'étrier ; puis demanda une lance, qu'on lui donna. Alors, levant sa visière, il dit au seigneur Ludovic : « Je vous remercie, monseigneur, de la gracieuseté que vous m'avez montrée. Dieu vous le veuille rendre ! »

Il était dans une belle grande cour ; il se mit à donner de l'éperon à son cheval, qui fit quatre ou cinq sauts très gaillardement ; après quoi le Chevalier lui fit faire une petite course, dans laquelle il rompit sa lance en cinq ou six morceaux. Ce dont le seigneur Ludovic ne se réjouit pas trop, car il dit tout haut ces paroles : « Si tous les hommes d'armes de France ressemblaient à celui-ci, j'aurais bien peu de chances. »

Cependant il donna au Chevalier un trompette pour le conduire jusqu'à sa garnison ; mais on n'alla pas si loin, car l'armée des Français n'était plus qu'à dix ou douze milles de Milan.

On n'y parlait que de l'affaire du bon Chevalier, qui s'était fait prendre par son audace. Quand celui-ci fut arrivé au camp, il alla tout de suite trouver son bon maître le seigneur de Ligny, qui lui dit en riant : « Hé ! comment, Piquet, qui vous a mis hors de prison? Avez-vous donc payé votre rançon? Franchement, je voulais envoyer un de mes trompettes pour vous chercher et la payer.

— Monseigneur, dit le bon Chevalier, je vous remercie très humblement de vos bonnes intentions : le seineur Ludovic m'a délivré par pure courtoisie. »

CHAPITRE XVI

Comment le seigneur Ludovic se retira dans Novare, se doutant que les Français allaient entrer dans Milan par le château, et comment on le fit prisonnier.

Quand le seigneur Ludovic sut que l'armée du roi de France était si près de Milan, comme le château n'était pas entre ses mains, il craignit d'être surpris dans la ville. Aussi il se déroba la nuit avec ce qu'il avait de troupes dans Milan, et s'en alla retrouver le gros de son armée, qui était dans Novare.

Quand, au camp du roi, les lieutenants que le seigneur de La Trémouille était venu rejoindre, apprirent que Ludovic était à Novare, ils résolurent d'aller l'y attaquer. Le seigneur Ludovic avait beaucoup d'hommes; mais ils étaient de différents pays : c'étaient des Bourguignons, des lansquenets, des Suisses, et tout ce monde n'était pas commode à gouverner. Et en effet la ville de Novare ne tarda pas à tomber aux mains des lieutenants du roi de France.

On faisait courir le bruit que le seigneur Ludovic n'était plus dans la ville et qu'il s'était retiré en Allemagne pour la seconde fois; mais on ordonna que tous les fantassins passeraient sous la pique, et parmi eux l'on reconnut le pauvre seigneur Ludovic, qui fut bien contraint de se rendre au seigneur de Ligny. Je ne sais comment cela arriva; d'ailleurs il était fort mal servi par ses gens. C'était le vendredi avant Pâques fleuries, l'an 1500.

Le seigneur Ludovic demeura donc prisonnier : il fut mené en France, d'abord à Lyon, puis au Lys-Saint-George[1] et enfin au château de Loches, où il a terminé ses jours. Sa vie fut bien triste; il avait été un prince plein de valeur, mais la fortune ne lui a jamais montré qu'un visage irrité.

Quand les gens du duché de Milan apprirent la capture de leur seigneur, ils ne tardèrent pas à redevenir Français, par crainte d'être pillés et saccagés; ils

1. Château dans le département de l'Indre.

trouvèrent au contraire de la douceur et de l'amitié, car ils avaient affaire à un bon prince et à de vertueux capitaines.

CHAPITRE XVII

Comment le seigneur de Ligny alla visiter Voghera, Tortona et d'autres places du duché de Milan, que le roi lui avait données, et d'un gentil tour que fit le bon Chevalier.

Après la première conquête du duché de Milan, le roi de France voulut récompenser ses bons serviteurs, en leur donnant des terres et des seigneuries dans le duché. Il donna ainsi au seigneur de Ligny Tortona, Voghera et quelques autres places. Les habitants de ces villes se révoltèrent quand le seigneur Ludovic revint d'Allemagne. Cela mit fort en colère le seigneur de Ligny, qui résolut d'y aller voir et emmena avec sa compagnie le vertueux capitaine Louis d'Ars, son lieutenant, le bon Chevalier, qui était alors porte-guidon, et quelques autres gentilshommes. Il vint ainsi jusqu'à Alexandrie, faisant courir le bruit qu'il mettrait à sac Tortona et Voghera, bien qu'il n'en eût pas le moins du monde le désir, étant pour cela d'une nature trop douce.

Quand ses sujets apprirent sa venue et le bruit qui courait de la destruction de leurs villes, ils furent à juste raison frappés d'effroi. Ils tinrent conseil pour envoyer au-devant de leur seigneur implorer très humblement sa miséricorde. Vingt d'entre eux, des plus

connus, vinrent le trouver à deux milles de Voghera,
croyant pouvoir lui faire leur révérence et lui présenter leurs excuses. Bien qu'on les lui montrât et que
d'ailleurs il les eût reconnus, le seigneur de Ligny ne
fit pas semblant de les voir, et passa outre.

Les pauvres gens furent effrayés d'un si étrange accueil ; ils rentrèrent dans la ville et cherchèrent à parler au capitaine Louis d'Ars, pour qu'il fût leur intermédiaire auprès du seigneur. Celui-ci leur promit de
faire son possible, et leur donna rendez-vous pour le
lendemain. Il alla ensuite faire ses remontrances au
seigneur de Ligny, le suppliant qu'en sa faveur il consentît à entendre les habitants.

Le seigneur de Ligny consentit, et le lendemain,
après le dîner, cinquante des plus notables habitants
vinrent le trouver et, la tête nue, se jetèrent à ses genoux, implorant sa miséricorde. L'un d'entre eux, qui
avait beaucoup d'éloquence, prononça en langue ita-
lienne ce petit discours :

« Monseigneur, vos très humbles et très obéissants
sujets et serviteurs, habitants de cette pauvre ville qui
est à vous, se recommandent très humblement de tout
leur cœur à votre bonne grâce, suppliant votre noblesse
de bien vouloir leur pardonner l'offense qu'ils ont faite
au roi de France, leur souverain, et à vous, en se ré-
voltant. Qu'il vous plaise considérer en vous-même que
la ville ne peut d'elle-même tenir tête à des armées,
et que, quoi qu'ils aient pu faire, le cœur de ses habitants n'a jamais cessé de rester français. Si, par pau-
vreté d'esprit, ils ont fait une lourde faute, que votre
grande bonté leur veuille être clémente ; nous vous
assurons, monseigneur, que jamais plus ils ne recom-
menceront, et s'ils étaient assez abandonnés de Dieu

pour revenir à leurs erreurs, ils se mettraient eux-
mêmes, avec leurs femmes, leurs enfants et leurs
biens, à votre discrétion. Pour vous prouver qu'ils veulent demeurer dans les sentiments dont je vous parle,
ils vous font en toute humilité un petit présent propor-
tionné à leur richesse : voici trois cents marcs en vaisselle d'argent qu'ils vous prient d'accepter, pour leur
montrer que votre ressentiment contre eux a cessé. »

L'orateur se tut et fit approcher sur deux tables des
tasses, des gobelets, des bassins et autres objets de
vaisselle d'argent, que le seigneur de Ligny ne daigna
pas même regarder. Mais il répondit fièrement, comme
un homme courroucé : « Comment ! méchants, lâches,
infâmes, vous avez la hardiesse de vous montrer en
ma présence, vous qui, comme faillis de cœur, vous
êtes révoltés sans cause ni raison ! Quelle confiance
pourrais-je désormais avoir en vous ? Si l'on fût venu
mettre le siège devant votre ville, la canonner et la
prendre d'assaut, vous pourriez être excusés ; mais
l'ennemi ne s'est même point montré devant vos murs.
Vous voyez bien que c'est de votre propre mouvement
que vous êtes retournés à l'usurpateur de ce duché. Si
je faisais mon devoir, ne devrais-je pas vous faire
pendre et étrangler aux croisées de vos fenêtres
comme des traîtres et déloyaux sujets ? Allez, fuyez de
devant moi, que je ne vous voie de ma vie. »

Les pauvres citoyens étaient toujours à genoux. Alors
le vaillant et sage capitaine Louis d'Ars mit le bonnet
à la main et le genou en terre et dit : « Monseigneur,
au nom de Dieu et de sa Passion, faites-moi la grâce
de leur pardonner, à ma prière. J'espère, monseigneur, que de votre vie vous ne trouverez en eux que
de bons et loyaux sujets. »

Et les pauvres gens, sans attendre la réplique, se
mirent à s'écrier tous ensemble : « Monseigneur, il en
sera, comme le dit le capitaine, au bon plaisir de
monseigneur. »

Le cardinal d'Amboise.

Le bon seigneur de Ligny, en entendant leurs sup-
plications, fut ému de pitié presque jusqu'aux larmes
et les fit relever.

« Allez ! leur dit-il ; pour l'amour du capitaine Louis
d'Ars, qui m'a rendu de tels services que je ne voudrais rien lui refuser, je vous pardonne ; mais n'y re-

venez plus. Quant à vos présents, je ne daignerai pas les prendre : vous ne le méritez pas. »

Puis avisant le bon Chevalier :

« Piquet, lui dit-il, prenez toute cette vaisselle, je vous la donne pour votre cuisine.

— Monseigneur, répondit aussitôt le Chevalier, je vous remercie très humblement du cadeau que vous me faites ; mais à Dieu ne plaise que des biens qui viennent de si méchantes gens entrent dans ma maison ! ils y porteraient malheur. »

Puis il prit toute cette vaisselle, pièce par pièce, et en fit présent à tous ceux qui étaient là, sans en retenir pour lui la valeur d'un denier. Toute la compagnie en fut émerveillée. Après avoir tout distribué, le Chevalier quitta la salle, et les habitants firent de même.

Le seigneur de Ligny se mit à dire aux personnes qui étaient restées : « Qu'en dites-vous, messeigneurs ? avez-vous vu le bon cœur de Piquet et sa générosité ? Dieu n'a-t-il pas eu grand tort de ne point le faire roi de quelque grand royaume ? Il eût gagné tout le monde par sa bonne grâce. Croyez-moi, il deviendra un jour un des plus parfaits hommes de la terre. »

Bref, toute la compagnie fit l'éloge du bon Chevalier.

Quand le seigneur de Ligny eut un peu réfléchi à cette journée et considéré que Bayard n'avait rien gardé pour lui, le lendemain, à son lever, il lui envoya une belle robe de velours cramoisi doublée de satin broché, un très bon coursier, et trois cents écus dans une bourse. Les écus ne durèrent pas longtemps : car les compagnons du Chevalier en eurent leur part, comme bien vous pensez.

Peu de jours après, le seigneur de Ligny retourna à Milan, où était venu le cardinal d'Amboise, lieutenant général du roi, et de là il regagna la France.

CHAPITRE XVIII

Comment le bon Chevalier sortit de sa garnison de Minervino; comment il trouva les Espagnols dans la campagne, et ce qu'il en arriva.

Le roi de France envoya une grosse armée à Naples, qui s'était révoltée, comme on sait, après la mort du seigneur de Montpensier, et nomma lieutenant général le seigneur d'Aubigny. Le bon Chevalier, qui avait fait partie de l'expédition sous les ordres du capitaine Louis d'Ars, était en garnison dans une ville appelée Minervino. Comme il s'ennuyait d'être resté longtemps en cage sans aller voir la campagne, il dit un soir à ses compagnons : « Messeigneurs, il me semble que nous croupissons ici, sans aller voir les ennemis; j'ai envie d'aller demain pousser une pointe sur Andria ou Barletta. Peut-être rencontrerons-nous quelques Espagnols, et nous pourrons enfin nous battre avec eux.

Il n'y eut personne qui n'aquiesçât à cette proposition. Le lendemain matin, on se mit en campagne au nombre de trente environ, et on marcha droit vers les garnisons ennemies, dans l'espoir de faire quelque bonne rencontre.

Or, ce même jour, un gentilhomme espagnol, proche

parent du grand capitaine Gonzalve de Cordoue[1], don Alonzo de Soto-Mayor, était sorti aussi de la ville d'Andria pour courir, de son côté, sus aux Français. C'était un noble chevalier, habile aux armes, qui avait dans sa compagnie quarante ou cinquante chevaux d'Espagne, montés par des gentilshommes choisis.

Les deux capitaines eurent la chance, en descendant un tertre, de se voir l'un l'autre environ à une portée de canon. Ils furent d'autant plus joyeux, qu'ils reconnurent que leurs forces étaient égales.

Dès que le bon Chevalier eut aperçu les croix rouges, il dit à ses gens : « Mes amis, nous voici au combat ; que chacun de vous songe à son honneur, et si vous ne me voyez faire mon devoir aujourd'hui, tenez-moi toute ma vie pour un méchant et un lâche.

— Allons, capitaine, répondirent les autres, donnons là-dedans ; n'attendons pas qu'ils aient l'honneur de commencer. »

Puis, baissant leurs visières et poussant le cri de *France ! France !* ils chargent leurs ennemis au grand galop, tandis que ceux-ci, faisant fort bonne contenance, lancent leurs chevaux au cri d'*Espagne ! Sant Yago !* et les reçoivent bravement à la pointe de leurs lances. A ce choc, plusieurs cavaliers des deux partis furent jetés à terre et ne se relevèrent que péniblement avec l'aide de leurs compagnons.

Le combat dura bien une demi-heure, sans qu'on pût dire qui l'emporterait. Mais comme chacun ne voulait le terminer qu'à sa gloire, ils se livrèrent, comme s'ils avaient été tout frais, un nouvel et terrible assaut. Il

---

1. *Grand capitaine* était le véritable surnom de Gonzalve de Cordoue.

fallait bien qu'il y eût un vainqueur : aussi le bon Chevalier, grâce à la peine qu'il se donnait et au courage qu'il inspirait aux siens, réussit dans ce dernier assaut à mettre les Espagnols à la déroute. Il resta sur le champ de bataille sept morts et autant de prisonniers. Le reste se mit à fuir avec le capitaine Alonzo, que

Don Alonzo.

poursuivait le bon Chevalier en lui criant de temps en temps : « Tourne, homme d'armes ! c'est grande honte que de mourir en fuyant. »

Alors Alonzo se retourna comme un lion furieux sur le bon Chevalier et lui livra une rude attaque. Ils donnèrent, sans se reposer, au moins cinquante coups d'épée. Pendant ce temps, les Espagnols continuèrent à fuir, abandonnant leur capitaine, qu'ils laissèrent seul. Ce qui n'empêcha pas le capitaine de se battre vaillamment. Mais son cheval était fourbu et ne voulait plus faire un pas. Le bon Chevalier lui dit alors :

« Rends-toi, homme d'armes, ou tu es mort.

— A qui me rendrais-je ?

— Au capitaine Bayard, » répondit le bon Chevalier.

Alors don Alonzo, qui connaissait les faits d'armes de son ennemi, et qui comprenait qu'étant environné de toutes parts, il ne pouvait échapper, finit par se rendre et remit son épée au Chevalier, qui la reçut avec joie.

En arrivant à la garnison, le bon Chevalier, fils adoptif de dame Courtoisie, ayant appris en chemin de quelle maison était don Alonzo, le logea dans une des belles chambres du château et lui donna une de ses robes, en lui disant : « Seigneur don Alonzo, je sais que vous êtes de bonne et noble maison, et, ce qui vaut mieux, que de votre personne vous avez grand renom de prouesse ; aussi ne veux-je point vous traiter en prisonnier, et, si vous me donnez votre parole de ne point quitter ce château sans ma permission, j'en ferai votre prison. Il est assez grand : vous vous y promènerez avec nous autres.

— Capitaine, répondit don Alonzo, je vous remercie de votre courtoisie et je vous donne ma parole. »

Mais il ne tint pas sa promesse jusqu'au bout. Après quinze ou vingt jours de captivité, il corrompit un Albanais de la garnison, qui lui procura un cheval, et, à la faveur de la liberté qu'on lui laissait, il s'évada. Il fut repris en chemin et resserré dans une prison plus étroite. Il y fut néanmoins traité avec de grands égards, sans être mis aux fers et avec une bonne nourriture,

jusqu'à ce qu'un de ses gens vînt apporter sa rançon,
qui était de mille écus, et que le bon Chevalier par-
tagea entre ses soldats, sans en garder un seul denier
pour lui.

CHAPITRE XIX

Comment don Alonzo de Soto-Mayor se plaignit à tort du traitement
qu'il avait reçu du bon Chevalier, et du combat qui s'ensuivit.

Quand le seigneur Alonzo fut de retour à Andria,
ses compagnons et ses amis lui firent un excellent
accueil et lui demandèrent quelle était la manière de
vivre du bon Chevalier, quel homme c'était et comment
il avait traité Alonzo pendant sa captivité. Alonzo leur
répondit : « Je vous donne ma parole, messeigneurs,
que, quant au chevalier Bayard lui-même, je ne sache
pas au monde un plus hardi gentilhomme ni qui soit
moins paresseux. Quand il n'est pas à la guerre, il ne
cesse de faire à la place quelque exercice avec ses soldats : il lutte, il saute, il jette l'épieu et fait toutes
sortes d'exercices de gentilhomme. Il n'a point son
pareil pour la libéralité, je l'ai constaté à plusieurs re-
prises : ainsi, quand il a reçu les mille ducats de ma
rançon, il les a distribués devant moi à ses hommes,
sans en garder un seul pour lui. En vérité, s'il vit
longtemps, il parviendra à un très haut rang. Cependant je n'ai pas à me louer du traitement que j'ai
reçu de lui. Je ne sais si cela a été fait d'après ses

ordres, mais ses gens ne m'ont guère traité en gentilhomme, et je ne l'oublierai de ma vie. »

Les paroles d'Alonzo causèrent tant d'émoi, que le
bon Chevalier fut amplement informé, par un prisonnier de la garnison de Minervino qui rentra, des plain-
tes outrageantes de don Alonzo. Il réunit aussitôt tous
ses gens et leur dit : « Messeigneurs, voilà don Alonzo
qui se plaint chez les Espagnols que je l'ai aussi mé-
chamment traité que possible. Vous connaissez tous
la vérité ; je pense qu'on n'eût su mieux traiter prisonnier que je n'ai fait de lui, avant qu'il essayât de
s'échapper, et depuis, bien qu'il ait été renfermé, on ne
lui a rien fait dont il ait à se plaindre. Sur ma parole !
si je savais qu'on lui eût fait quelque tort, je voudrais
m'en excuser près de lui. Je vous prie donc de me
dire si vous vous êtes aperçus de quelque chose que
je n'aie point vu. »

A quoi tous répondirent : « Capitaine, quand c'eût
été le plus grand prince d'Espagne, vous n'auriez pu le
traiter mieux. Il a tort de se plaindre et il offense Dieu ;
mais ces Espagnols font tant les braves et sont si
pleins d'orgueil, que c'est une peste !

— Par ma foi ! dit le bon Chevalier, je lui veux
écrire que, bien que j'aie la fièvre quarte, s'il veut con-
tinuer à prétendre que je l'ai maltraité, je lui prou-
verai le contraire à pied ou à cheval, comme il lui
plaira. »

Il demanda aussitôt un clerc et écrivit une lettre
dont voici la substance :

« Seigneur Alonzo, j'ai appris qu'en sortant de
prison vous vous êtes plaint de moi et avez semé le
bruit parmi vos gens que je ne vous avais pas traité en
gentilhomme. Vous savez bien le contraire. Mais

comme si cela était vrai, ce serait pour moi un grand
déshonneur, j'ai bien voulu vous écrire cette lettre,
dans laquelle je vous prie de rhabiller autrement vos
paroles devant ceux qui les ont entendues, en avouant,
comme il est juste, le bon et honnête traitement que
vous avez reçu de moi. En faisant cela vous travaillerez
à votre honneur, et vous laverez le mien des injures
dont vous l'avez souillé. Dans le cas où vous refuseriez
de le faire, je vous déclare que je suis résolu à vous
faire vous démentir par un combat à mort entre nous
deux, soit à pied ou à cheval, avec telles armes que vous
voudrez choisir. Adieu ! De Minervino, ce x⁰ juillet. »

Le seigneur Alonzo, à qui un trompette du seigneur
de la Palisse, du nom de la Lune, avait apporté cette
lettre, refusa de se dédire et accepta le défi du Chevalier, qui prit le seigneur de la Palisse, homme expérimenté en ces choses, pour guidon[1], avec son ancien
compagnon Bellabre.

CHAPITRE XX

Comment le bon Chevalier combattit don Alonzo de Soto-Mayor et le
vainquit.

Quand vint le jour assigné pour le combat, le seigneur de la Palisse, avec deux cents hommes d'armes,
amena sur le terrain son champion, qui était monté

1. C'est-à-dire pour témoin et pour juge du combat.

sur un beau et bon coursier et était humblement vêtu
de blanc. Le seigneur Alonzo n'était pas encore arrivé.
La Lune alla le presser. Alonzo lui demanda dans
quelle armure était le seigneur de Bayard. Le trompette répondit qu'il était à cheval et en habillement
d'homme d'armes. « Comment ! dit-il, c'est à moi à
choisir les armes et à lui de choisir le camp ! Trompette, va lui dire que je veux combattre à pied. »

Or, quelque hardiesse que montrât le seigneur
Alonzo, il eût bien voulu n'avoir pas poussé les choses
si loin ; il ne pouvait penser que le bon Chevalier, vu
la maladie qu'il avait, consentît à combattre à pied ;
mais quand il vit que l'affaire était prête à être vidée,
il s'avisa de vouloir combattre à pied. Il avait pour
cela deux bonnes raisons : la première, qu'on n'eût
su trouver dans le monde entier gentilhomme plus
adroit à cheval que le bon Chevalier ; la seconde, qu'à
cause de sa maladie, celui-ci serait beaucoup plus
faible à pied. Tout cela lui donnait l'espérance de la
victoire.

La Lune revint dire au bon Chevalier : « Capitaine,
il y a des nouvelles ; votre homme prétend maintenant
combattre à pied et dit que c'est à lui de choisir les
armes. »

Cela était vrai ; mais il avait déjà été décidé auparavant que l'on combattrait à cheval. On voyait donc bien
par là que le seigneur don Alonzo eût voulu maintenant fuir la lice.

Le bon Chevalier, après avoir entendu le trompette,
demeura pensif un instant, car il avait eu sa fièvre ce
jour-là même ; pourtant il répondit avec un courage
de lion : « La Lune, mon ami, allez le presser ; dites-
lui qu'il ne m'en donnera pas moins réparation au-

jourd'hui, avec l'aide de Dieu : s'il ne veut pas se battre à cheval, je me battrai comme il voudra. »

Quand les deux champions furent entrés dans le champ clos, qui n'était fait que de grosses pierres mises l'une à côté de l'autre, le bon Chevalier se mit à genoux et fit sa prière ; puis il se coucha de son long pour baiser la terre, et se releva en faisant le signe de la croix. Il marcha alors droit à son ennemi, avec autant d'assurance que s'il avait été dans un palais à danser avec des dames.

Don Alonzo aussi ne montrait aucune épouvante ; et, marchant de droit fil sur le Chevalier, il lui dit : « *Segnor de Bayardo, que me querez*[1] ? »

Celui-ci lui répondit dans sa langue : « Je veux défendre mon honneur. »

Et, sans plus de paroles, les champions se rapprochèrent. Du premier choc, ils se lancèrent chacun un furieux coup d'estoc, et l'arme du Chevalier, en glissant, blessa légèrement au visage le seigneur Alonzo. Tous deux, je vous assure, avaient bon pied et bon œil et ne voulaient frapper leurs coups en pure perte. On ne vit jamais sur le terrain deux champions plus vaillants. Ils lancèrent cependant plusieurs coups sans s'atteindre. Mais le bon Chevalier s'aperçut tout de suite des ruses de son adversaire : celui-ci, en effet, aussitôt ses coups lancés, se couvrait le visage, si bien qu'on ne pouvait l'y atteindre. Mais le Chevalier s'avisa d'une bonne feinte : au moment où don Alonzo levait le bras pour frapper, lui aussi leva le sien, mais il retint l'estoc en l'air sans jeter son coup ; et quand le coup de son en-

---

1. Cette sorte d'espagnol signifie : « Seigneur de Bayard, que me voulez-vous ? »

nemi eut passé, il put en toute assurance le prendre à découvert, et il lui porta dans la gorge un si furieux coup que, malgré la solidité du gorgerin, l'estoc y entra de quatre bons doigts, et il ne pouvait plus l'en retirer.

Don Alonzo, se sentant mortellement frappé, laissa tomber son estoc, et saisit à bras le corps le Chevalier, qui le prit aussi, comme pour lutter. Ils se promenèrent si bien ainsi qu'ils tombèrent à terre tous les deux l'un près de l'autre. Le bon Chevalier, sans perdre la tête, prend aussitôt son poignard et l'enfonce dans les naseaux de son ennemi, en lui criant : « Rendez-vous, seigneur Alonzo, ou vous êtes mort. »

Mais l'autre n'avait garde de parler : l'affaire était déjà faite. Son parrain[1], don Diego, se mit à dire : « *Segnor Bayardo, ca es moerto; vincido aveiz*[2]. »

Ce qui était bien vrai ; car Alonzo ne remua plus ni pied ni main.

Qui fut bien ennuyé? Ce fut le bon Chevalier ; il eût voulu avoir cent mille écus à donner et voir son adversaire encore vivant. Pourtant, reconnaissant la grâce que Dieu lui avait faite, il se mit à genoux, le remercia très humblement, et baisa la terre par trois fois ; il tira ensuite son ennemi hors du camp et dit à son parrain : « Seigneur don Diego, en ai-je assez fait? »

Celui-ci répondit douloureusement : « *Tropo, segnor Bayardo, per l'ondre d'Espaigne*[3].

— Vous savez, reprit le bon Chevalier, que le corps de mon adversaire est à ma discrétion ; toutefois je vous le rends, et je voudrais sincèrement, mon honneur une fois sauf, que cela ne fût pas arrivé. »

1. *Parrain,* témoin.
2. « Il est déjà mort ; vous avez vaincu. »
3. « Trop, seigneur Bayard, pour l'honneur de l'Espagne. »

Bref, les Espagnols emportèrent leur champion en se lamentant, tandis que les Français reconduisaient le leur, trompettes et clairons sonnants, jusqu'à la garnison du bon seigneur de la Palisse. Avant toute autre chose, le bon Chevalier alla à l'église remercier Notre-Seigneur. On se livra ensuite à la joie.

Tous les gentilshommes français ne pouvaient se lasser de chanter les louanges du bon Chevalier, qui, par tout le royaume, parmi les Français comme parmi les Espagnols, était réputé pour le gentilhomme le plus accompli qu'on pût trouver.

CHAPITRE XXI

D'un combat qui eut lieu au royaume de Naples entre treize Espagnols et treize Français, et où le bon Chevalier remporta la victoire sur tous.

On sait assez qu'entre tous les autres peuples, les Espagnols sont gens qui ne se rabaissent guère d'eux-mêmes et qui ont toujours l'honneur à la bouche. Bien que ce soit un peuple vaillant, s'ils avaient autant de bravoure qu'ils veulent en avoir la mine, il n'y aurait gens en ce monde qui pussent leur résister.

Les Espagnols avaient conservé vive dans leur cœur la douleur de la mort du seigneur Alonzo, et ils cherchaient chaque jour le moyen de la venger. Durant une trêve qui survint quelques jours après, Espagnols et Français allaient se promener près des garnisons

les uns des autres et s'attardaient à causer ensemble.
Un jour une bande de gentilshommes espagnols, bien
armés et bien montés, alla s'ébattre près de la garnison
du bon Chevalier. Celui-ci, ayant reçu la visite du seigneur d'Orose, de la maison d'Urfé, était sorti de la
place en sa compagnie, pour prendre l'air. A une
demi-lieue de la ville ils rencontrèrent la bande des
Espagnols, qu'ils saluèrent et qui leur rendit le salut.
Ils entrèrent en conversation, et, entre autres propos,
un Espagnol hardi et courageux, nommé don Diego
de Bisane, qui était de la compagnie de feu don Alonzo
et dont il n'avait pas oublié la mort, fit cette proposition : « Messeigneurs les Français, je ne sais si cette
trêve ne vous fâche point ; elle n'a commencé que depuis huit jours, et elle nous ennuie déjà furieusement. Si, pendant sa durée, il y avait une bande de
vous autres, dix contre dix ou vingt contre vingt,
qui voudraient combattre pour la querelle de nos
maîtres, je me fais fort d'en trouver autant de mon
côté. Les vaincus demeureraient prisonniers des vain-
queurs. »

A ces mots, le seigneur d'Orose et le bon Chevalier
se regardèrent, et ce dernier répondit à l'Espagnol :
« Seigneur, mon compagnon et moi nous vous avons
bien compris : vous désirez furieusement vous battre
à parties égales. Eh bien, vous êtes ici treize hommes
d'armes ; si d'aujourd'hui en huit vous voulez vous
trouver à deux milles d'ici, montés et armés, mon compagnon et moi nous vous amènerons treize autres combattants.

— Nous le voulons bien, » répondirent les Espagnols
dans leur langue.

Ils se séparèrent. Le seigneur d'Orose et le bon Chevalier rentrèrent à Minervino, firent part de la proposition à leurs compagnons, et, au jour fixé, ils se trouvèrent à l'endroit convenu, où les Espagnols vinrent également. Il était encore venu d'autres soldats des deux nations pour voir le combat: Les champions limitèrent leur camp et établirent comme conditions : que celui qui franchirait le champ clos resterait prisonnier et ne combattrait plus de la journée ; que celui qui serait mis à pied n'aurait également plus le droit de combattre ; que si, à la nuit, ni l'une ni l'autre des deux bandes n'était victorieuse, le combat serait terminé, ne restât-il qu'un seul champion à cheval ; que celui-là pourrait du moins remmener ses compagnons francs et quittes, et qui sortiraient du camp avec autant d'honneur que les autres.

Les Français se mirent d'un côté, les Espagnols d'un autre : tous la lance en arrêt. Ils piquèrent alors leurs chevaux ; mais les Espagnols ne visèrent pas les hommes et ne cherchèrent qu'à tuer les chevaux. Ils y réussirent, et il ne resta bientôt plus à cheval que le seigneur d'Orose et le bon Chevalier. Mais cette ruse ne servit guère aux trompeurs : car leurs chevaux refusèrent de passer par-dessus les cadavres, malgré les coups d'éperon. Alors le seigneur d'Orose et le bon Chevalier livrèrent sans relâche aux Espagnols une série de rudes assauts ; puis, au moment où le gros de la troupe allait les charger, ils se retiraient derrière les cadavres des chevaux morts, où ils étaient comme derrière un rempart.

Pour conclure, les Espagnols furent bien frottés, et bien qu'ils fussent treize contre deux, ils ne purent gagner le camp avant la nuit, où chacun se retira, comme il avait été convenu. Mais l'honneur de la journée demeurait aux Français qui, durant quatre heures, avaient combattu deux contre treize, sans être vaincus. Le bon Chevalier avait là encore fait de tels exploits que sa renommée en fut accrue d'autant.

CHAPITRE XXII

Comment le bon Chevalier prit un trésorier qui portait quinze mille ducats au grand capitaine Gonzalve de Cordoue, et ce qu'il en fit.

Un mois environ après ce combat, quand les trêves furent écoulées, le bon Chevalier fut averti par ses espions qu'il y avait à Naples un trésorier qui changeait de la monnaie d'or pour l'apporter au grand capitaine Gonzalve de Cordoue, et que ce train devait passer à trois ou quatre milles de sa garnison. Le bon Chevalier, qui avait grand désir d'empoigner cet argent, non pour lui-même, mais pour le distribuer à ses soldats, alla s'embusquer entre deux petites montagnes, avec vingt chevaux sans plus. Il envoya son compagnon Tardieu avec vingt-cinq Albanais d'un autre côté, afin que si l'homme échappait d'un côté, il ne pût échapper de l'autre.

Vers les sept heures du matin, les guetteurs du bon Chevalier entendirent un bruit de chevaux et le lui vinrent dire. Il était si bien à couvert entre les deux rochers, qu'on pouvait facilement passer sans l'apercevoir. C'est ce que firent les Espagnols, qui avaient au milieu d'eux leur trésorier et son homme, portant leur argent dans des valises, à la croupe de leurs chevaux. Quand ils furent passés, sans perdre de temps, le bon Chevalier et ses gens coururent sus à la bande en criant : *France! France! A mort! à mort!* Quand les Espagnols se virent ainsi chargés et pris à l'improviste, ils crurent que les Français étaient en beaucoup plus grand nombre, et ils prirent la fuite du côté de Barletta. On les chassa un peu, mais pas loin ; car on n'en voulait qu'au pauvre trésorier et à son homme, que l'on prit et qu'on mena à Minervino.

Une fois arrivés, on ouvrit les valises, où l'on trouva de beaux ducats. Le bon Chevalier voulait faire compter; mais le trésorier dit en espagnol : « *Non contais, segnor ; sons quince milia ducado*[1]. »

Sur ces entrefaites arriva Tardieu, qui, en voyant toute cette belle monnaie, fut bien marri de ne point avoir fait la prise.

« Mon bon compagnon, dit-il, j'en aurai ma part, car j'ai été de l'affaire.

— Il est vrai, reprit le bon Chevalier, mais vous n'avez pas été de la prise. »

Et pour le faire un peu enrager, il ajouta : « Et quand vous en eussiez été, vous êtes sous mon autorité, et je ne vous donnerai que ce qu'il me plaira. »

Là-dessus, Tardieu s'emporte et jure qu'il en aura raison. Il va se plaindre au lieutenant général du roi, qui fait mander le bon Chevalier. Tardieu n'eut rien de plus, ce dont il fut bien marri.

Comme c'était pourtant un homme tout jovial et fort plaisant, il se mit à dire : « Par le sang de saint Georges, je suis bien malheureux ! »

---

1. Ne comptez pas, seigneur, il y a quinze mille ducats. »

Puis s'adressant au bon Chevalier : « Pardieu ! c'est tout comme ; vous me nourrirez pendant que nous serons dans le pays, voilà tout ! »

Le Chevalier se prit à rire, et ils retournèrent ensemble à Minervino, où le bon Chevalier, dès l'arrivée, fit apporter les ducats et les étala sur une table devant Tardieu ; puis, pour le faire monter davantage, il lui dit : « Compagnon, que vous en semble ? ne voilà-t-il pas une belle dragée ?

— Eh oui ! de par tous les diables, répondit-il, mais il n'y a rien pour moi, et, par la sang-dieu ! j'en voudrais être pendu ! avec la moitié de cela je serais riche pour toute ma vie et je serais homme de bien.

— Comment ! compagnon, reprit le Chevalier, il ne tient qu'à cela que vous ayez votre vie assurée en ce monde ? Eh bien, ce que vous n'avez pu ni su obtenir par la force, je vous le donne bien volontiers et de bon cœur ; vous en aurez la moitié bien comptée. »

Et il lui livra aussitôt sept mille cinq cents ducats.

Tardieu, qui n'avait jusque-là cessé de croire que c'était une moquerie, quand il vit la somme en sa possession, se jeta à deux genoux, des larmes de joie plein les yeux, et dit : « Hélas ! mon maître, mon ami, comment pourrai-je reconnaître vos bienfaits ? Jamais Alexandre ne fit semblables libéralités.

— Taisez-vous, compagnon ; si je le pouvais, je ferais mieux encore pour vous. »

Tardieu fut riche toute sa vie avec cet argent et épousa une héritière, fille d'un seigneur qui avait trois mille livres de rente.

Quant au reste des ducats, le bon Chevalier, le cœur

pur comme la perle, les distribua tous aux gens de la garnison, à chacun selon sa qualité.

Il fit ensuite reconduire le pauvre trésorier, sans le fouiller ; ce dont le malheureux fut bien aise, car il avait encore sur lui au moins cinq cents ducats.

CHAPITRE XXIII

Comment le bon Chevalier garda un pont sur la rivière du Garigliano, lui seul, pendant une demi-heure, contre deux cents Espagnols.

Vous avez pu voir dans les autres histoires comment, au royaume de Naples, vers la fin de la guerre entre les Français et les Espagnols, l'armée des Français se tint longtemps sur le bord d'une rivière dite le Garigliano, tandis que l'armée espagnole campait sur l'autre rive. S'il y avait de braves capitaines du côté des Français, il y en avait aussi du côté des Espagnols, et entre autres le grand capitaine Gonzalve de Cordoue et le capitaine Pedro de Paz. Ce dernier n'avait pas deux coudées de haut ; mais il n'y avait pas une créature plus hardie : il était si bossu et si petit, qu'on ne lui voyait que la tête au-dessus de la selle de son cheval.

Un jour, ce Pedro de Paz s'avisa de faire une feinte : il passa le Garigliano à gué avec cent vingt cavaliers qui avaient en croupe chacun un fantassin armé d'une arquebuse. Son but était de faire courir sur lui le gros de l'armée française, qui abandonnerait le pont, que les Espagnols viendraient passer aussitôt. Il exécuta fort bien sa manœuvre. L'alarme fut chaude ; les Français, croyant avoir affaire à toute l'armée espagnole, se précipitèrent au-devant de Pedro.

Cependant le bon Chevalier, qui désirait toujours être près des coups, avait placé sa tente près du pont, avec un gentilhomme nommé l'écuyer Le Basque. Ils s'armèrent au bruit et montèrent à cheval pour aller où l'on se battait ; mais, en regardant du côté de la rivière, le bon Chevalier avisa deux cents cavaliers espagnols qui venaient droit au pont pour le prendre. Ils l'eussent fait sans grande résistance, et c'était la destruction totale de l'armée française. Le Chevalier dit donc à son compagnon : « Monseigneur l'écuyer, mon ami, allez vite chercher quelques-uns de nos gens pour garder ce pont, ou nous sommes perdus. En attendant, je vais amuser ceux-là jusqu'à votre retour ; mais dépêchez-vous. »

L'écuyer partit, et le bon Chevalier, lance au poing, s'en va au bout du pont, où les Espagnols étaient déjà arrivés, prêts à le passer. Comme un lion furieux, il met sa lance en arrêt et donne dans le groupe qui était déjà sur le pont : deux ou trois Espagnols sont culbutés, et deux d'entre eux tombent dans l'eau et ne reviennent plus (car la rivière était grosse et profonde). Après cela, on tailla au Chevalier beaucoup de besogne, et il fut si rudement assailli que sans sa grande chevalerie il n'eût pu résister. Mais, comme un tigre furieux, il s'accula contre la barrière du pont et il se défendit si bien à coups d'épée, que les Espagnols ne savaient que dire, ni même s'ils n'avaient pas affaire à un démon. Enfin il résista si vaillamment que l'écuyer Le Basque eut le temps d'amener à son secours une centaine d'hommes, qui firent abandonner

le pont aux Espagnols et les poursuivirent à un bon
mille de là. Ils eussent même été plus loin, s'ils
n'avaient aperçu une grosse troupe de sept à huit cents
cavaliers espagnols qui venaient secourir leurs gens.
Le bon Chevalier dit alors à ses compagnons : « Messeigneurs, c'est assez pour aujourd'hui d'avoir défendu
le pont ; retirons-nous en rangs serrés. »

Ce conseil fut trouvé bon, et les Français battirent en
retraite à grands pas, le bon Chevalier restant toujours
le dernier et recevant à peu près toute la charge. Il
finit par se trouver en mauvaise affaire, à cause de son
cheval, qui, ayant combattu tout le jour, ne pouvait
plus se soutenir. C'est à ce moment que survint un
nouveau flot d'ennemis qui envahirent les Français, et
en culbutèrent plus d'un. Le cheval du bon Chevalier
fut acculé contre un fossé, et environné d'une ving-
taine de chevaliers qui criaient : « *Rende, rende,
segnor*[1] ! »

Le Chevalier n'en continuait pas moins à se battre,
tout en disant : « Messeigneurs, il faut bien me rendre,
car je ne saurais combattre tout seul contre vous tous. »

Ses compagnons étaient déjà loin, tirant droit au
pont et croyant toujours avoir le Chevalier avec eux.
Mais quand ils furent un peu plus éloignés, l'un
d'entre eux, nommé le chevalier Guiffrey, un gentilhomme du Dauphiné et un voisin de Bayard, s'écria :
« Ah ! messeigneurs, nous avons tout perdu ; le capitaine Bayard est mort ou prisonnier ; il n'est pas
avec nous ! nous ne le saurions jamais ! et aujourd'hui
même, qu'il a si bien travaillé et qu'il nous a fait tant
d'honneur ! Je fais vœu à Dieu que, quand même j'y

---

1. « Rendez-vous, rendez-vous, seigneur. »

devrais aller seul, j'y retournerai, et je serai mort ou prisonnier ou j'aurai de ses nouvelles. »

Toute la troupe fut navrée des paroles du chevalier Guiffrey. Chacun descendit ressangler son cheval et remonta; puis, avec un courage invincible, ils retournèrent au grand galop sur les Espagnols, qui emmenaient avec eux la fleur et l'élite de la noblesse, prise seulement par la faute de son cheval !

Or, en emmenant le Chevalier, les Espagnols, qui se sentaient en grand nombre, ne s'étaient pas amusés à lui ôter ses armes, ni même son épée, qu'il avait gardée au côté. Ils ne lui avaient retiré que la hache d'armes qu'il avait à la main. Tout en marchant, on lui demandait qui il était. Lui qui savait bien que, s'il se nommait, il ne leur échapperait pas vivant (car les Espagnols le redoutaient plus que tout autre Français), leur donna le change et répondit toujours qu'il était gentilhomme.

Mais voici qu'arrivent ses compagnons, criant : « *France ! France !* Tournez, tournez, Espagnols ; vous n'emmènerez pas ainsi la fleur de la chevalerie ! »

Les Espagnols ne laissèrent pas de trembler en entendant ce cri ; ils reçurent pourtant avec assurance la rude charge des Français, non sans que plus d'un parmi eux, et des mieux montés, ne fût jeté à terre. A cette vue, le bon Chevalier, qui était encore tout armé et à qui il ne manquait qu'un cheval, puisque le sien était épuisé, mit pied à terre et sauta sur un brave coursier dont le cavalier avait été démonté par l'écuyer Le Basque. Une fois remonté, le bon Chevalier se mit à crier : « France ! France ! Bayard ! Bayard ! que vous avez laissé partir ! »

Quand les Espagnols entendirent ce nom et comprirent la faute qu'ils avaient faite d'avoir laissé ses armes à leur prisonnier et de ne lui avoir pas même dit : *Rescours ou non*[1] (s'il eût eu donné sa parole, jamais Bayard ne l'eût trahie), le cœur leur manqua, et ils se dirent : « Gagnons le camp, nous ne ferons guère bonne besogne aujourd'hui. »

Puis ils partirent au galop, et les Français, qui voyaient la nuit approcher, et suffisamment heureux d'avoir retrouvé leur vrai guidon d'honneur, s'en retournèrent gaiement au camp, où durant huit jours on ne parla que de leur belle aventure et des prouesses du bon Chevalier.

Les Français ne restèrent plus longtemps dans le royaume de Naples. Cependant le capitaine Louis d'Ars et le bon Chevalier demeurèrent après eux dans la Pouille pendant quelque temps encore, jusqu'à ce qu'ils fussent mandés par le roi de France, qui les reçut avec beaucoup d'honneur.

CHAPITRE XXIV

Comment les Génois se révoltèrent, et comment le roi de France, passant les monts, les mit à la raison.

Le pape Jules fit révolter les Génois ; le populaire mutiné chassa tous les nobles hors de la ville et élut

---

1. C'était dans ces termes que l'on demandait aux prisonniers leur parole de ne plus combattre : *secourus ou non*.

pour duc un nommé messire Paolo Novi, qui n'était qu'un ouvrier teinturier. Le roi de France, qui fut averti de ces événements par un gentilhomme génois qui était fort bon français, vit bien, avec sa sagacité ordinaire en ces affaires, que si la chose n'était arrangée, il pouvait en sortir de gros inconvénients. Il résolut donc de passer les monts avec une bonne armée.

Le bon Chevalier était alors à Lyon, malade de la fièvre quarte, qui l'a tenu sans discontinuer sept ans durant. Il avait de plus au bras un gros inconvénient : à la suite d'un coup de pique qu'il avait reçu et qui avait été mal pansé, un ulcère s'était déclaré, et il n'en était pas encore bien guéri. Au retour de Naples, le roi l'avait pris pour un de ses écuyers d'écurie, en attendant qu'il y eût quelque compagnie de chevaliers vacante pour l'en pourvoir. Le Chevalier pensa que, tout malade qu'il était, ce lui serait une grande lâcheté de ne point suivre son maître, et, sans plus regarder son état, il se prépara et se mit avec les autres au passage des montagnes.

L'armée française approchait de la ville de Gênes ; mais au haut de la montagne par laquelle les Français devaient passer, les Génois avaient fait construire un fort bastion, fort bien muni d'artillerie et de bons soldats. L'armée française en fut tout étonnée, et le roi dut réunir ses capitaines pour leur demander ce qu'il y avait à faire. Les uns disaient que l'armée pourrait se mettre en danger, et que là-haut il pouvait y avoir plus d'hommes qu'on ne pensait. Les autres disaient que ce n'était que canaille et qu'ils ne résisteraient point. Le roi se tourna vers le bon Chevalier et lui dit :

« Bayard, que vous en semble ?

Gênes au quinzième siècle.

— Sur ma foi, sire, répondit-il, je ne puis encore rien vous en dire : il faut d'abord aller voir ce qu'ils font là-haut. Pour moi, si vous m'en donnez la permission, avant une heure, à moins que je ne sois mort ou prisonnier, je vous en donnerai des nouvelles.

— Et je vous en prie, reprit le roi ; car vous vous entendez à merveille à ces affaires-là. »

Le Chevalier, avec quelques amis et quelques compagnons, cent ou cent vingt environ, ne tarda pas à faire sonner la charge et l'alarme, et il se mit à gravir la montagne. Quand on le vit devant, il ne manqua pas d'être suivi. Les Français travaillèrent fort avant d'être parvenus jusqu'en haut, où ils reprirent haleine ; puis ils marchèrent droit au bastion. Ils trouvèrent de la résistance, et le combat fut chaud ; mais à la fin les Génois tournèrent le dos. Les Français voulaient courir après ; le bon Chevalier leur cria : « Non, messeigneurs, allons droit au bastion ; il peut encore y avoir dedans des gens que nous pourrons cerner : allons-y voir. »

On suivit son conseil, et, comme il l'avait dit, on trouva dans le bastion deux ou trois cents hommes, qui se défendirent assez rudement pour commencer, mais qui finirent par déguerpir en tombant comme la foudre au bas de la montagne et regagnèrent la ville. Ainsi fut pris le bastion.

Les Génois ne firent plus grand'chose après cela, et ils se rendirent à merci au roi de France.

CHAPITRE XXV

Comment le roi Louis XII fit marcher son armée en Italie contre les
Vénitiens, et de la victoire qu'il obtint.

Vers le mois de mars de l'année 1508, le roi de
France envoya querir le bon Chevalier et lui dit :
« Bayard, vous savez que je m'en vais passer les monts
pour mettre à la raison les Vénitiens, qui me retien-
nent le comté de Crémone, la Ghierra d'Adda et autres
pays ; je veux que dans cette expédition, bien que je
vous donne dès à présent la compagnie du capitaine
Chatelard, que l'on dit mort, à mon grand regret,
vous ayez sous vos ordres des fantassins. Votre lieutenant, le capitaine Pierrepont, qui est un homme
sûr, conduira vos cavaliers.

— Sire, répondit le bon Chevalier, je ferai comme
il vous plaira. Mais combien voulez-vous me donner
d'infanterie à conduire ?

— Mille hommes, dit le roi, et il n'y a personne qui
en ait plus.

— Sire, répondit le bon Chevalier, c'est beaucoup
pour mon savoir : je vous prie de ne m'en donner que
cinq cents, et je vous donne ma parole que je me
donnerai la peine de les bien choisir. Mais il me
semble que pour un seul homme c'est bien assez,
quand il veut faire tout son devoir.

— Soit, dit le roi ; allez donc vite dans votre Dau-

Les lansquenets à la bataille d'Agnadel.

phiné, et arrangez-vous pour être dans le Milanais à la fin de mars. »

Tous les capitaines ne manquèrent pas de fournir leur bande, si bien que dès le commencement d'avril ils étaient passés dans le duché de Milan et occupaient les garnisons.

Les Vénitiens, qui avaient déjà été défiés par le héraut Montjoie, résolurent de se défendre, et, sachant que les forces du roi de France n'étaient pas trop considérables, ils préparèrent une fort belle armée.

Leur chef était le comte Petigliano, et le capitaine général des fantassins était le seigneur Bartholomy d'Alviano, qui dès le début de la campagne se fit prendre à Agnadel.

Le roi conquit rapidement toutes les villes et les places fortes des Vénitiens, et même Peschiera, qui était fort bien défendue. D'autres villes, comme Vicence, Vérone et Padoue, lui remirent leurs clefs. Louis XII les rendit à l'empereur, qui n'avait pas encore paru en Italie.

Cependant l'empereur n'avait envoyé que huit cents lansquenets pour garder Padoue, une ville qui a six milles de tour : elle fut reprise par les gens de la Seigneurie. Sur quoi, l'empereur demanda par lettre au roi de France de l'aider de cinq cents chevaliers pour la reprendre. Louis XII était fort fâché que l'empereur eût laissé reprendre Padoue, en n'y mettant que huit cents lansquenets pour garnison ; toutefois il acquiesça à la requête de l'empereur, et commanda au seigneur de la Palisse de prendre les cinq cents plus vaillants gentilshommes qu'il y eût en Italie et de les mettre au service de l'empereur, qui devait descendre bientôt dans le Padouan.

Le seigneur de la Palisse, qui ne demandait que de semblables commissions, car pour lui la vie c'était la la guerre, se mit à faire ses préparatifs. En sortant du château de Milan, il rencontra le bon Chevalier et lui dit : « Mon ami, voulez-vous que nous y allions de compagnie ? » Et il lui raconta l'affaire plus au long.

Bayard, qui ne demandait pas mieux que de se trouver en pareille compagnie, lui répondit gracieusement qu'il appartenait à son capitaine, pour en disposer comme il lui plairait.

CHAPITRE XXVI

Comment l'empereur Maximilien mit le siège devant Padoue; des vaillantes approches faites par les gentilshommes français, et de la grande audace que montra le bon Chevalier sans peur et sans reproche.

L'empereur se fit longtemps attendre ; enfin au commencement d'août il arriva au pied de la montagne et mit huit jours à la passer. Maximilien vit les capitaines français près de la petite ville d'Este, dont les ducs de Ferrare portent le titre, et leur fit un bel accueil. Il y avait là réunie une des plus belles armées qu'on ait vues depuis cent ans. Maximilien était venu en Lombardie en véritable empereur, et si ses troupes voulaient faire leur devoir, il avait de quoi conquérir un monde.

Il avait cent six pièces d'artillerie sur leurs roues,

dont la moindre était un fauconneau ; il avait encore
dix grosses bombardes en fonte, qu'on ne pouvait tirer

Bombarde.

sur un affût, mais qui étaient portées chacune sur une
puissante charrette, toute chargée et avec ses engins.
Quand on voulait les mettre en batterie, on les descen-

Bombarde en batterie.

dait ; puis, une fois à terre, on soulevait un peu la bouche
avec un engin, on glissait sous la pièce une grosse
pièce de bois, et l'on faisait derrière un énorme rem-

blai pour éviter le recul. Ces pièces lançaient des boulets de pierre ; ceux de fonte auraient été trop lourds pour être soulevés ; mais on ne pouvait les tirer que quatre fois par jour tout au plus.

Avec les gentislhommes français, les troupes du cardinal de Ferrare, celles du cardinal de Mantoue, on pouvait compter au camp environ cent mille combattants. Le malheur était que l'artillerie n'avait que la moitié de l'équipage qu'il aurait fallu : ainsi, quand on faisait des marches, une partie de l'armée restait à garder la moitié des pièces, jusqu'à ce que l'autre moitié que l'on pouvait transporter fût déchargée au nouveau camp, et que le charroi eût le temps de revenir prendre le reste.

L'empereur établit d'abord son camp près du palais de la reine de Chypre, à huit milles de Padoue. On réunit le conseil, qui décida que les approches seraient faites par des gentilshommes français avec le prince d'Anhalt et les lansquenets (qui étaient un corps d'élite parmi les troupes allemandes) ; mais il fallait auparavant, pour ne pas être incommodé sur les derrières, prendre la ville et le château de Monselice.

On prit Monselice, et deux jours après l'armée quitta cette ville pour aller droit sur Padoue, devant laquelle on mit le siège.

Padoue est une très grande ville, difficile à attaquer. Elle avait dans ses murs le comte Petigliano, avec mille chevaliers, douze mille fantassins et deux cents pièces d'artillerie.

L'empereur plaça son propre camp devant la porte de Vicence, et garda les Français avec lui. Il ordonna au bon Chevalier de faire les approches avec le seigneur de Bussy et les capitaines La Clayette et La Crotte.

Mais, pour arriver devant la porte de Vicence, il fallait entrer dans un grand chemin, droit comme un I, sur lequel les assiégés avaient élevé quatre grosses barricades à deux cents pas l'une de l'autre et bien défendues. Des deux côtés du chemin il y avait des fossés, comme d'ordinaire le long des routes en Italie, si bien qu'on ne pouvait prendre les barricades que par le devant. Il y avait de plus sur les murailles de la ville pas mal d'artillerie qui tombait comme grêle, par-dessus les Vénitiens, sur les Français.

Malgré tous ces obstacles, le bon Chevalier et ses compagnons commencèrent l'escarmouche et arrivèrent vite à la première barricade, où l'assaut fut rude et où pleuvaient les coups d'arquebuse : on n'en finit pas moins par la prendre et par repousser les ennemis jusqu'à la seconde. On s'y battit encore mieux qu'à la première, et Bussy y fut blessé d'un coup d'arquebuse au bras, sans qu'on pût le faire retirer. Le capitaine Milhau arriva avec cent vingt de ses rustres bien choisis, qui firent rage. Il était midi : la lumière ne manquait donc pas pour voir qui combattait le mieux. On mit une bonne demi-heure à prendre la deuxième barrière ; mais l'on poursuivit si rudement ses défenseurs, qu'on ne leur laissa pas le temps de se retrancher derrière la troisième, qu'ils abandonnèrent sans combat pour se porter à la quatrième barricade.

Il y avait là mille ou douze cents hommes et trois ou quatre fauconneaux, qui tiraient sur le grand chemin, mais qui ne firent pas autre chose que de tuer deux chevaux. Cependant la barricade n'était qu'à un jet de pierre des remparts, ce qui rendait courage aux gens de la Seigneurie. Aussi l'assaut dura-t-il une heure, à coups de pique et d'arquebuse. Quand le bon Chevalier vit que cela durait trop, il dit à ses compagnons : « Messeigneurs, ces gens-ci nous amusent ; descendons à pied et poussons contre la barricade. »

Trente ou quarante hommes d'armes descendirent aussitôt de cheval, et, la visière relevée, marchèrent droit à la barricade, à longueur de lance. Le noble prince d'Anhalt était à côté du bon Chevalier, avec Milhau, Grand-Jean le Picard et Maulevrier : ils faisaient rage ; mais il ne cessait pas de venir des troupes fraîches aux Vénitiens. Ce que voyant, le bon Chevalier s'écria : « Messeigneurs, ils nous tiendront six ans comme cela, pour ne rien faire : leurs troupes sont rafraîchies à chaque instant. Livrons-leur un franc assaut, et que chacun fasse comme moi. »

On y consentit. Alors Bayard cria : « Sonne, trompette ! »

Puis, comme un lion à qui l'on a ravi ses petits, il courut avec ses compagnons donner un si furieux assaut, que les ennemis abandonnèrent la barricade de la longueur d'une pique. Alors, tout en criant : « En avant, compagnons ! les voici à nous ! » il franchit la barricade avec trente ou quarante hommes. On les accueillit mal, naturellement ; mais quand les Français virent le danger où s'étaient mis leurs compagnons, ils n'hésitèrent plus et les rejoignirent. Alors, au cri de *France ! France ! Empire ! Empire !* ils firent une telle charge que les ennemis déguerpirent, abandonnant tout, et rentrèrent à moitié rompus dans la ville.

Voilà comme furent prises les barricades de Padoue, en plein midi et à l'honneur des Français, chevaliers ou fantassins, surtout du bon Chevalier, à qui chacun faisait gloire de ce fait d'armes.

On avait approché de la ville ; l'artillerie fut amenée sur le bord du fossé et y resta six semaines, jusqu'au lever du siège.

CHAPITRE XXVII

De la grosse et lourde artillerie qui bombarda Padoue, et de la grande brèche qu'on y fit.

Les approches faites devant Padoue et l'artillerie assise, chacun se logea dans son quartier, dans les trois camps qu'on avait décidé de faire. Il y avait tant de monde, que le camp tout entier occupait un espace de quatre milles. Ce qu'il y eut de merveilleux, c'est que pendant tout le siège, qui dura bien deux mois, les fourrageurs n'allèrent jamais plus loin qu'à six milles du camp pour avoir le blé, l'avoine, le foin, les poulailles, le vin et les autres vivres pour les hommes et pour les chevaux. Et il y en eut une si grande abondance, que quand le siège fut levé, on brûla pour cent mille ducats de vivres, dont on avait fait provision dans l'attente que le siège durerait plus longtemps. Mais c'est là un incident ; revenons au véritable sujet.

Le lendemain des approches, les canonniers se mirent en mesure. Durant huit jours, le bombardement ne cessa pas ; c'est le plus terrible qu'on ait vu depuis cent ans, car il fut tiré par les trois camps plus de vingt mille coups.

Si l'empereur et ses soldats se servaient avantageusement de l'artillerie, ceux de la ville en faisaient autant et mieux encore : pour un bien qu'on leur faisait, ils en rendaient deux.

Bref, la ville fut si bien mitraillée que les trois camps ne firent qu'une seule brèche.

C'est à ce moment que l'on vit un canonnier de l'empereur qui, au lieu de tirer sur la ville, tirait sur les Allemands. L'on prétendit que c'était sur l'ordre du seigneur Constantin, le lieutenant général de l'empereur, qu'il agissait ainsi. Le même seigneur était accusé de prévenir chaque jour le comte de Petigliano de ce qu'il devait faire. Je ne sais si cela était vrai; néanmoins le canonnier fut mis sur un mortier et envoyé par morceaux dans la ville.

Les trois brèches réunies en une n'étaient que de quatre à cinq cents pas. C'était un passage suffisant pour donner l'assaut, et quant aux fossés, ce n'était point une grosse affaire; mais le comte de Petigliano avait si bien organisé la défense intérieurement, que cinq cent mille hommes ne seraient pas entrés dans la place sans la volonté des assiégés. Voici pourquoi. Derrière la brèche qui laissait entrer dans la ville, le comte avait fait creuser un fossé à fond de cuve de vingt pieds de haut et d'égale largeur; puis il y avait fait entasser force fagots et du vieux bois, le tout bien arrosé de poudre à canon. Ensuite, de cent pas en cent pas, il y avait un petit boulevard de terre garni d'artillerie qui tirait le long de cette tranchée. Enfin si, par impossible, sinon avec la grâce de Dieu, on eût franchi le fossé, on se fût trouvé en présence de toute l'armée des Vénitiens, cavaliers et fantassins, dressée en bataille. Il y avait en effet dans la ville une belle esplanade où l'on pouvait disposer vingt mille hommes, et derrière laquelle se trouvaient des plates-formes, où l'on avait monté vingt ou trente pièces d'artillerie, qui pouvaient tirer droit sur la brèche par-dessus la tête des assiégés.

Les Français étaient avertis de cette défense par les prisonniers, qui, une fois leur rançon payée, revenaient au camp et à qui le comte se plaisait à montrer ses préparatifs, pour qu'ils ne manquassent pas de le redire au seigneur de la Palisse et aux capitaines français.

Mais comme la brèche était fort belle, malgré tout, l'empereur résolut de donner l'assaut. Cependant je vous conterai d'abord une aventure du bon Chevalier.

CHAPITRE XXVIII

Comment le bon Chevalier durant le siège de Padoue fit une course avec ses compagnons, où il acquit grand honneur.

Durant le siège de Padoue, il y avait de fréquentes alarmes au camp de l'empereur, tant par les sorties que faisaient les assiégés que par les courses que faisaient les Vénitiens de la garnison de Trévise, belle et forte ville qui est à vingt-cinq milles de Padoue. Il y avait là un certain messire Luce Malvezzi, le soldat le plus entreprenant du monde. Deux ou trois fois la semaine il venait sans trompette réveiller le camp de l'empereur. Il continua ce train, sans jamais perdre un homme, si longtemps, qu'on ne parlait plus que de lui.

Cette manière de faire choqua beaucoup le bon Chevalier : sans rien dire, au moyen d'espions auxquels il donnait tant d'argent qu'ils ne l'auraient pas trompé au risque de la vie, il connut les allées et les venues de messire Malvezzi, et il résolut de l'aller trouver dans la campagne. Il alla chercher deux de ses compagnons qui logeaient avec lui, le capitaine La Clayette et le seigneur La Crotte, et il leur dit : « Messeigneurs, ce capitaine Malvezzi nous tracasse assez : il n'y a pas de jour qu'il ne nous vienne réveiller, et l'on ne parle plus que de lui. Je ne suis pas jaloux de ce qu'il fait, mais je suis marri de ce qu'il ne nous connaît pas un peu mieux. Je connais assez ses manières. Voulez-vous venir vous battre? et vous verrez quelque chose. J'espère que nous pourrons le rencontrer demain matin, car voilà deux jours qu'il ne nous a fait d'alarme. »

Ses compagnons répondirent : « Nous vous suivrons où vous voudrez.

— Ainsi donc, reprit le bon Chevalier, à deux heures après minuit, faites armer chacun trente hommes, des plus vaillants que vous ayez ; moi j'amènerai ma compagnie, avec Bonnet, Cossé, Brezon et quelques autres. Sans sonner la trompette et sans faire de bruit, nous monterons à cheval. Qu'il vous suffise de savoir que j'ai un excellent guide. »

On fit comme il était convenu. Entre deux et trois heures, au mois de septembre, ils montèrent à cheval, ayant placé le guide en avant, bien gardé par quatre archers. On lui avait promis une bonne somme s'il faisait bien son devoir, et la mort en cas de tromperie.

Le bon Chevalier avait ainsi fait, parce que souvent les espions sont doubles et traîtres : ils font tourner le dommage du côté qui leur plaît. Celui-là fit pourtant très bien son devoir, et les conduisit par nuit au moins dix milles de chemin, jusqu'à la pointe du jour. Ils découvrirent alors un grand palais enclos de fortes murailles. L'espion dit au Chevalier : « Monseigneur, si

Un espion.

le capitaine messire Luce sort aujourd'hui de Trévise pour faire visite à votre camp, il lui faut infailliblement passer par ici. Si vous voulez vous cacher dans ce logis, où il ne reste plus personne à cause de la guerre, vous le verrez passer sans qu'il puisse vous voir. »

Tous les capitaines trouvèrent la proposition bonne, et se cachèrent dans le palais, où ils attendirent bien deux heures avant d'entendre un grand bruit de pas de chevaux. Le bon Chevalier avait fait monter un vieil archer de sa compagnie, nommé Mouart, aussi expérimenté en fait de guerre qu'homme vivant, dans un colombier, d'où il pourrait voir quelles gens passaient et quel en était le nombre. L'archer vit venir d'assez loin messire de Malvezzi avec cent chevaliers environ, l'armet en tête, et deux cents Albanais conduits par le capitaine Scanderbeg, tous bien montés et à première vue gens d'importance. La troupe passa à un jet de boule du palais où étaient embusqués les Français. Quand ils furent passés, Mouart descendit tout joyeux et fit son rapport. Le bon Chevalier ordonna alors de ressangler les chevaux, car il n'y avait avec eux ni page ni valet, comme il l'avait recommandé, et il dit à ses compagnons : « Messeigneurs, il y a dix ans que nous n'aurons eu si belle affaire, si nous sommes des vaillants. Ils sont deux fois plus nombreux que nous, mais cela n'est rien : courons-leur sus.

— Allons, allons, » dirent les autres.

Ils remontèrent à cheval, on ouvrit la porte, et ils allèrent au beau trot après leurs gens. Ils n'avaient pas fait un mille qu'ils les aperçurent sur un beau grand chemin.

« Sonne, sonne, trompette! » dit aussitôt le Chevalier, et la trompette retentit.

Les capitaines vénitiens, qui étaient à cent lieues de croire qu'ils avaient des Français derrière le dos, s'imaginèrent que c'étaient quelques-uns des leurs qui comme eux voulaient faire une course. Pourtant ils s'arrêtèrent, sans pousser plus avant, et finirent par reconnaître que c'étaient des ennemis. Ils furent stupéfaits de se voir pris entre le camp de l'empereur et les ennemis qu'ils voyaient; mais il fallait passer par là ou par la fenêtre; d'ailleurs, ils se rassuraient en voyant le petit nombre de leurs assaillants. Le capitaine Malvezzi, d'un ton ferme, recommanda à ses hommes de se bien tenir, leur démontrant que dans cette occasion il fallait être ou vainqueur ou vaincu.

Il y avait sur les deux côtés du chemin un grand fossé, qu'un homme d'armes n'aurait pu songer à franchir sans être très bien monté : force était donc de toutes manières d'en venir aux mains. La trompette se mit à sonner des deux côtés, et, à une portée d'arc, les deux bandes se lancèrent l'une contre l'autre aux cris de : *Empire! Empire! France! France!* et de *Marco! Marco!* C'était un vrai plaisir de les entendre. Beaucoup d'hommes furent jetés à terre dans cette première charge, et Bonnet donna un coup de lance tout au travers du corps d'un homme d'armes et le transperça d'outre en outre.

Les Albanais s'écartèrent du grand chemin et abandonnèrent leurs gens de pied, croyant prendre les Français à dos; mais le bon Chevalier s'aperçut de leur manœuvre et dit au capitaine La Crotte : « Compagnon, gardez les derrières ; veillez à ce que nous ne soyons pas cernés. »

Aussi, quand les Albanais voulurent s'approcher, ils furent bien reçus et bien frottés : ils laissèrent une douzaine des leurs par terre et regagnèrent le large. Le capitaine La Crotte ne se mit guère en peine de les suivre et revint au gros de l'affaire; mais à son arrivée les Vénitiens étaient en déroute, et chacun se préparait à prendre son prisonnier.

Messire Malvezzi, pourtant, profitant de ce qu'il était avantageusement monté, sauta hors du chemin et, avec vingt ou trente autres, également bien montés, prit la fuite vers Trévise. C'eût été peine perdue de les suivre, parce qu'ils avaient de trop bons chevaux.

Les Français retournèrent au camp avec leurs prisonniers au milieu d'eux, plus nombreux qu'ils n'étaient eux-mêmes, car ils en avaient cent soixante ou cent quatre-vingts. En arrivant au camp, ils trouvèrent l'empereur qui se promenait autour. Celui-ci, en voyant la poussière que faisaient nos Français, envoya demander ce que c'était, et on le lui rapporta.

L'empereur fut très content; il s'approcha des Français, leur donna le bonsoir, félicita chaque capitaine et dit au bon Chevalier : « Seigneur de Bayard, mon frère votre maître est bien heureux d'avoir un tel serviteur que vous; je voudrais donner cent mille florins de rente et en avoir une douzaine de votre sorte. »

CHAPITRE XXIX

Comment l'empereur résolut de donner l'assaut à Padoue, et pourquoi cela ne se fit pas.

Je vous ai déjà dit comment l'artillerie de l'empereur, du duc de Ferrare et du marquis de Mantoue avait fait trois brèches à la ville, qui, réunies en une seule, comprenaient environ un demi-mille. Un matin, l'empereur, accompagné de ses princes et seigneurs d'Allemagne, alla voir la brèche. A la voir si grande, il eut honte, étant donné le nombre de ses gens, de n'avoir pas fait donner l'assaut plus tôt. Il y avait déjà trois jours que les canonniers ne tiraient plus qu'à pierre perdue dans la ville, puisqu'ils n'avaient plus

Devant Padoue.

de murailles devant eux. En rentrant à son logis, l'empereur appela un de ses secrétaires français, auquel il fit écrire une lettre au seigneur de la Palisse, dont voici les termes :

« Mon cousin, j'ai été ce matin voir la brèche de la ville ; elle est plus que suffisante. Je suis donc d'avis de faire donner l'assaut aujourd'hui même. Je vous prie, en conséquence, qu'aussitôt que mon grand tambour sonnera, c'est-à-dire sur l'heure de midi, vous teniez prêts tous les gentilshommes français qui sont sous vos ordres, à mon service par le commandement de mon frère le roi de France, pour aller à l'assaut avec mes fantassins. J'espère qu'avec l'aide de Dieu nous serons victorieux. »

Il envoya le secrétaire porter cette lettre au seigneur de la Palisse, qui trouva le procédé assez étrange. Il dissimula pourtant et dit au secrétaire : « Je m'étonne que l'empereur n'ait point mandé mes compagnons et moi pour délibérer mûrement sur cette affaire. Vous lui direz toutefois que je vais les envoyer querir et que je leur montrerai la lettre. Je crois que tous ne manqueront pas d'obéir aux ordres que l'empereur voudra leur donner. »

Le secrétaire s'en retourna, et le seigneur de la Palisse manda tous les capitaines français, qui se réunirent chez lui.

Le bruit courait déjà par tout le camp qu'on donnerait l'assaut à la ville sur le coup de midi. Vous auriez pu voir alors une chose curieuse : on retenait les prêtres à prix d'or pour se confesser, chacun voulant se mettre en bon état avant la bataille. Les hommes d'armes donnaient leur bourse à garder aux prêtres ; car, il faut bien que je le dise à mes lecteurs, jamais depuis cinq cents ans on n'avait eu autant d'argent qu'il y en avait dans le camp. Il n'y avait pas de jour où il ne s'évadât trois ou quatre cents lansquenets, qui emmenaient en Allemagne des bœufs, des vaches, des lits, du blé, de la soie à filer ou toute autre chose ; si bien que, dans le Padouan, l'armée allemande fit un dommage de deux millions d'écus, en meubles volés, en maisons et palais incendiés et détruits.

Mais revenons au sujet. Les capitaines français une fois réunis chez M. de la Palisse, celui-ci leur dit : « Messeigneurs, il faut dîner ; car j'ai à vous dire quelque chose qui, si je vous le disais tout de suite, vous empêcherait peut-être de faire bonne chère. »

Il parlait ainsi par plaisanterie ; car il connaissait assez ses compagnons pour savoir qu'il n'y en avait pas un qui ne fût un autre Hector ou un autre Roland, et particulièrement le bon Chevalier, qui de sa vie ne s'émut de rien de ce qu'il vit ou entendit. Durant le repas, on ne fit que se gaudir les uns des autres. On n'eût pas d'ailleurs trouvé par toute l'Europe meilleurs hommes que ces capitaines français que vous connaissez.

Après le dîner, on fit sortir tout le monde de la salle, sauf les capitaines, à qui le seigneur de la Palisse communiqua la lettre de l'empereur, qu'on lut deux fois pour la comprendre mieux. Après la lecture, ils s'entre-regardèrent en riant, pour voir qui prendrait la parole. Le seigneur d'Hymbercourt la prit enfin et dit : « Point tant de réflexion ! monseigneur de la Palisse, mandez à l'empereur que nous sommes tout prêts ; il m'ennuie d'être en campagne, car les nuits sont froides, et les bons vins commencent à nous manquer. »

Capitaine de lansquenets.

Chacun se mit à rire, et tous furent du même avis que le seigneur d'Hymbercourt. Le bon Chevalier seul ne disait rien. Le seigneur de la Palisse se tourna vers lui et vit qu'il faisait semblant de se curer les dents, comme s'il n'avait rien entendu jusque-là : il lui dit alors : « Eh bien, l'Hercule de France, qu'en dites-vous? ce n'est pas le moment de se curer les dents; il s'agit maintenant de répondre vite à l'empereur. »

Le bon Chevalier, qui aimait assez la plaisanterie, répondit joyeusement : « Si nous voulons tous en croire monseigneur d'Hymbercourt, il n'y a qu'à marcher droit à la brèche. Moi je trouve que c'est un amusement peu commode pour un homme d'armes que de marcher à pied, aussi je m'en dispenserais bien volontiers. Cependant, s'il faut vous dire mon intention, je vous suivrai. L'empereur mande dans sa lettre que vous fassiez mettre à pied tous les gentilshommes français pour marcher à l'assaut avec ses lansquenets. Moi, quoique je ne sois guère riche en ce monde, je n'en suis pas moins gentilhomme ; vous tous, messeigneurs, vous êtes de gros seigneurs, et vous sortez de grandes maisons; c'est le cas aussi de beaucoup de nos hommes d'armes. Que l'empereur pense que ce soit chose raisonnable de mettre tant de noblesse en péril avec des soudards, dont l'un est cordonnier, un autre maréchal, un autre boulanger, tous gens de métiers, qui n'ont pas à se préoccuper de leur honneur autant que des gentilshommes, cela se comprend; c'est un détail auquel il n'a pas pensé. Mais mon avis est que vous, monseigneur de la Palisse, vous devez répondre à l'empereur ceci : que vous avez réuni vos capitaines selon son ordre; qu'ils sont bien décidés à faire ce que l'empereur leur commande, comme ils en ont été chargés par le roi de France, leur maître; qu'il doit savoir que le roi n'a pas de soldats dans ses compagnies d'ordonnances qui ne soient gentilshommes, et que de les mêler à des fantassins qui sont de petite condition, ce serait faire peu de cas d'eux; mais que, puisqu'il a force comtes, seigneurs et gentilshommes d'Allemagne, il les fasse mettre à pied avec les gentilshommes de France, qui leur montreront le chemin bien volontiers; quant à ses lansquenets, ils les suivront, s'ils voient que l'affaire tourne bien. »

L'opinion du bon Chevalier fut trouvée raisonnable. Ce fut donc la réponse qu'on rendit à l'empereur et qu'il trouva fort honnête. Il fit aussitôt sonner la trompette et battre le tambour, pour réunir son état-major. Il déclara à ses gens qu'il avait résolu d'aller donner l'assaut dans une heure, qu'il en avait prévenu les seigneurs de France qui ne demandaient pas mieux et qui priaient les gentilshommes d'Allemagne de marcher avec eux. « C'est pourquoi, messeigneurs, ajouta-t-il, je vous supplie de bien vouloir les accompagner et de vous mettre à pied comme eux. Avec l'aide de Dieu, j'espère que du premier assaut nous vaincrons nos ennemis. »

Quand l'empereur eut fini de parler, il s'éleva parmi les Allemands un grand murmure, qui ne s'apaisa point avant une demi-heure. Après quoi, l'un des gentilshommes prit la parole pour tous les autres et dit qu'ils n'étaient point des gens à marcher à pied ni à aller à la brèche, que leur véritable état était de combattre à cheval, en gentilshommes. L'empereur n'en put avoir d'autre réponse; pourtant il ne sonna mot de sa déception et dit : « Bien, messeigneurs, il nous faudra donc aviser comment nous pourrons faire pour le mieux. »

CHAPITRE XXX

Comment l'empereur retira son camp de devant Padoue quand il connut que ses Allemands ne voulaient pas donner l'assaut.

Il ne faut pas demander si l'empereur fut fort courroucé quand il connut la bonne volonté des capitaines français, tandis que ses Allemands ne voulaient rien faire pour lui. Plein de colère et d'ennui, le lendemain, sans faire de bruit, il délogea du camp, accompagné de cinq ou six cents chevaux et de ses plus sûrs serviteurs, et il s'en alla tout d'une traite à trente ou quarante milles de Padoue, du côté de l'Allemagne. Il manda ensuite au seigneur Constantin, son lieutenant général, et au seigneur de la Palisse qu'ils levassent le camp le plus honnêtement possible.

Tout le monde fut assez étonné de cette manière de faire ; mais on n'y pouvait rien. Les capitaines français, allemands et bourguignons tinrent conseil ensemble, et ils conclurent de lever le siège ; ce qui n'était pas commode, à cause de l'artillerie qu'on ne pouvait enlever que moitié par moitié, comme vous le savez. Les Français furent laissés à la garde de l'artillerie, et le noble prince d'Anhalt, qui connaissait assez la turpitude de sa nation, s'adjoignit à eux. Il fallut combattre depuis la pointe du jour jusqu'à deux heures de la nuit, sans prendre le temps de manger ; le siège fut pourtant levé sans qu'il en coûtât un homme ni à l'empereur ni aux Français.

Le grand malheur est que les lansquenets mirent le feu à tous leurs logis et partout où ils passaient. Le

Charroi d'un canon.

bon Chevalier, par charité, dut faire rester sept ou huit de ses gens pour sauver du feu le beau logis où il avait demeuré jusqu'après le passage des lansquenets. Je vous assure qu'il n'aimait guère de tels boute-feu.

D'étapes en étapes l'armée vint jusqu'à Vicence,

Charroi des poudres.

d'où l'empereur envoya quelques présents au seigneur de la Palisse et à tous les capitaines français.

De Vicence, les Allemands gagnèrent leur pays, en laissant toutefois une garnison à Vicence avec le seigneur du Ru. Les Français rentrèrent à la Toussaint dans le duché de Milan, sauf le bon Chevalier, qui resta en garnison à Vérone.

CHAPITRE XXXI

Comment le bon Chevalier, étant à Vérone, fit une course sur les Vénitiens, dans laquelle il fut pris et recouvré deux fois en un jour.

Le bon Chevalier fut laissé en garnison à Vérone avec trois ou quatre cents hommes d'armes, que le roi de France prêta à l'empereur. Vicence avait été abandonnée par les gens de l'empereur, qui ne pouvaient la défendre, et les Vénitiens étaient établis à San-Bonifacio, à quinze milles de Vérone.

On était en hiver. Il y avait du côté des Vénitiens un capitaine très vaillant et très audacieux qui s'appelait Jean-Paul Monfroni. Il venait chaque jour faire sa pointe jusqu'aux portes de Vérone. Ce manège finit par agacer le bon Chevalier, qui résolut d'escorter luimême les fourrageurs, quand ils iraient dans la campagne et d'employer quelque malice de guerre. Mais il ne put agir avec tant de secret que le capitaine Monfroni n'en fût averti par un de ses espions, qui était auprès de Bayard.

Un jeudi matin, les fourrageurs sortirent de Vérone, suivis en queue d'une quarantaine d'hommes d'armes et d'archers, conduits par le sage lieutenant du bon Chevalier, le capitaine Pierrepont. Ils quittèrent le grand chemin, pour trouver des cassines où faire leurs provisions. Le bon Chevalier, de son côté, avec cent hommes d'armes, se jeta dans le village de Saint-Martin, sur la grande route, à six milles de Vérone. Son avant-garde lui signala cinq cents cavaliers ennemis qui marchaient contre les fourrageurs. Bayard monta aussitôt à cheval pour aller à leur rencontre.

Le capitaine Monfroni, qui avait été averti de l'affaire par l'espion, avait embusqué dans un palais voisin cinq ou six cents hommes de pied, piquiers et arquebusiers, à qui il avait bien fait la leçon.

Dès qu'il vit ses ennemis, le bon Chevalier poussa droit sur eux et, en criant *Empire!* et *France!* alla les charger. Les ennemis eurent un instant l'air de tenir bon; puis, quand ils les virent approcher, ils se mirent à reculer du côté de l'embuscade, qu'ils dépassèrent un peu. Alors ils s'arrêtèrent tout court, et en criant : *Marco! Marco!* se mirent en défense très vaillamment.

Les gens de pied sortirent aussitôt de l'embuscade, poussèrent des cris énormes et se ruèrent sur les Français en tirant force coups d'arquebuse. L'un de ces coups tua le cheval du bon Chevalier entre ses jambes, et l'animal tomba si malencontreusement que le Chevalier eut un pied pris sous lui. Ses hommes d'armes, qui ne l'eussent jamais laissé là, même devant la mort, firent une forte poussée, et l'un d'eux, Grammont, descendit de cheval pour tirer son capitaine du danger; mais malgré les beaux coups qu'ils donnèrent, ils restèrent prisonniers au milieu des fantassins vénitiens, qui voulurent les désarmer.

Le capitaine Pierrepont, qui était avec les fourrageurs, entendit le bruit et courut incontinent où il l'entendait : il eut la chance de retrouver son capitaine et Grammont au moment où on les retirait de la bataille pour les mettre en sûreté. Il frappa comme un lion sur ceux qui les tenaient et les força d'abandonner leur capture et de rejoindre le reste de la bande, qui combattait contre les Français.

Le bon Chevalier et Grammont, remontés à cheval, volèrent au secours de leurs gens, qui avaient beaucoup à faire, parce qu'ils étaient pris par devant et par derrière. Ils furent un peu soulagés par le retour du bon Chevalier et de Pierrepont; mais le jeu était mal partagé : les Vénitiens étaient quatre contre un, et les arquebuses faisaient beaucoup de mal aux Français. Aussi le bon Chevalier dit à Pierrepont : « Capitaine, si nous ne gagnons le grand chemin, nous sommes perdus; une fois là, nous pourrons nous retirer en dépit d'eux et sans pertes, si Dieu le veut.

— C'est aussi mon avis, » répondit Pierrepont.

Ils commencèrent à tirer en reculant du côté du grand chemin, sans cesser de se battre. Ce ne fut pas sans peine qu'ils y arrivèrent : ils n'avaient encore perdu personne, bien que les ennemis eussent laissé sur le carreau une cinquantaine d'hommes de pied et sept ou huit cavaliers.

Quand le bon Chevalier et les Francais furent sur la grande route de Vérone, ils serrèrent leurs rangs et se mirent doucement à battre en retraite, en se retournant courageusement tous les deux cents pas sur leurs ennemis. Mais les gens de pied tiraient sur leurs ailes de fréquents coups d'arquebuse, si bien qu'à la dernière charge le bon Chevalier eut encore un cheval tué sous lui. En le sentant chanceler, il se jeta à terre, l'épée au poing, et malgré sa prouesse on lui eût fait mauvais parti, si le bâtard du Fay, son guidon, ne fût venu faire avec ses archers une si furieuse charge, qu'il reprit son capitaine au milieu des Vénitiens et le remonta à cheval.

La nuit approchait déjà : le bon Chevalier ordonna de ne plus charger, disant qu'il suffirait de battre en retraite honorablement. Ils s'arrêtèrent au bout d'un pont garni de barrières. Le capitaine Monfroni, voyant qu'il ne pourrait plus guère leur faire du mal et que ses ennemis pourraient être secourus par les gens de Vérone, fit sonner la retraite et retourna du côté de San-Bonifacio; mais ses gens de pied, qui étaient harassés pour avoir combattu quatre ou cinq heures durant, voulurent s'arrêter malgré lui dans un village, à cinq milles de Bonifacio. Il dut s'en retourner seul avec sa cavalerie, fort dépité d'avoir été si bien galopé, et par si peu de monde.

Le bon Chevalier et ses gens se logèrent pour la nuit au village de Saint-Martin, où, pendant qu'ils faisaient bonne chère, un espion vint parler au Chevalier, et lui apprit que le capitaine Monfroni était rentré à San-Bonifacio furieux, disant qu'il avait eu affaire dans la journée à des diables de l'enfer et non à des hommes; et qu'en passant dans un village, à quatre ou cinq milles de Vérone, il y avait trouvé logés tout plein de fantassins qui semblaient bien fatigués.

« Ce sont nos gens de tout à l'heure, dit le bon Chevalier; ils n'auront pas voulu marcher jusqu'à San-Bonifacio. Ils sont à nous, si vous voulez : la lune est claire; faisons manger nos chevaux, et sur les quatre heures du matin nous irons les réveiller. »

On fit panser les chevaux, on posa le guet et on se mit au repos. Mais à trois heures, sans faire de bruit, le Chevalier remonta à cheval avec ses gens et courut au village où étaient les Vénitiens. Il les trouva endormis comme des pourceaux, sans avoir laissé de guet. On poussa le cri : *Empire ! Empire ! France ! France !*

A mort ! à mort ! et à ce joyeux chant les rustres s'éveillèrent et sortirent des maisons les uns après les autres ; on les assomma comme des bêtes, il n'en resta que trois en vie, qui servirent à l'échange des prisonniers français.

CHAPITRE XXXII

Comment le bon Chevalier fit pendre deux aventuriers, qui, par grande cruauté, avaient enfumé dans la grotte de Longaro un millier d'habitants qui s'y étaient réfugiés.

Les Vénitiens tenaient toujours Legnago, où ils avaient une nombreuse garnison. Au commencement de l'année 1510, le neveu du roi de France, le noble duc de Nemours, passa en Italie avec ses gens et le chevalier Louis d'Ars. Le seigneur de Chaumont, grand maître de France et gouverneur de Milan, les reçut avec honneur. Le bon Chevalier, qui était très aimé du duc de Nemours et de son premier capitaine Louis d'Ars, fut très joyeux de leur arrivée. Il vint aussi le seigneur de Molard avec deux mille aventuriers. Le grand maître vint alors mettre le siège devant Legnago.

La place se défendit longtemps ; mais les assiégeants avaient une bonne artillerie, et particulièrement celle du duc de Ferrare, qui, entre autres, avait une coulevrine de vingt pieds de long, que les aventuriers appelaient le Grand-Diable. La ville fut donc prise avec son château, et l'on mit à mort tout ce qui était dedans ou à peu près.

C'est là que le seigneur de Molard et ses aventuriers se conduisirent fort bien et se couvrirent de gloire : ils ne se donnèrent pas le temps d'attendre que la brèche fût suffisante pour donner l'assaut.

Après la prise de Legnago, le seigneur de Chaumont, qui venait de perdre à grand regret son oncle le légat d'Amboise, marcha sur le pays des Vénitiens, avec les troupes de l'empereur et des renforts que le roi d'Espagne venait d'envoyer.

En quittant le camp de Sainte-Croix, où l'on avait séjourné quelque temps à cause de la grosse chaleur, on vint à un village appelé Longaro, où il advint une pitoyable aventure.

A cause de la guerre, plus de deux mille habitants de la plaine, hommes et femmes, s'étaient réfugiés dans une sorte de cave qui était dans la montagne. Ils y avaient force vivres, et quelques harnais de guerre avec quelques arquebuses pour en défendre l'entrée, qui était à peu près imprenable : car il n'y pouvait passer qu'un homme de front. Les aventuriers, qui prennent volontiers l'habitude d'aller piller, arrivèrent à l'entrée de cette cave, qui en italien s'appelle la *grotta di Longaro*. Ils voulurent entrer dedans ; on les pria doucement de s'en aller, et qu'aussi bien ils n'auraient rien à prendre, car les réfugiés avaient laissé leurs biens dans leurs maisons. Les coquins ne prirent pas ces prières en payement et voulurent entrer quand même. On ne les laissa point faire, et l'on tira quelques coups d'arquebuse qui en firent rester deux sur le carreau. Les autres allèrent chercher leurs compagnons, qui, plus près de mal faire qu'autrement, les suivirent. Ils virent bien en arrivant qu'ils n'entreraient jamais de force dans la grotte. Ils s'avisèrent alors d'une grande lâcheté et d'une grande méchanceté : ils entassèrent auprès de l'entrée du bois, de la paille et du foin et y mirent le feu. En peu de temps, une fumée si épaisse remplit la grotte, qui ne recevait l'air que par l'entrée, que les gens qui étaient dedans furent tous étouffés et moururent à martyre, sans être touchés du feu. Quand le feu fut tombé et qu'on entra dans la grotte, on trouva plusieurs hommes et femmes

Le Grand-Diable.

de noblesse étendus morts comme s'ils dormaient. Ce fut une horrible pitié.

Les aventuriers firent grand butin ; mais le grand maître et tous les capitaines furent très fâchés, et surtout le bon Chevalier sans peur et sans reproche, qui passa la journée à rechercher les auteurs de cette cruauté. Il en trouva deux, dont l'un n'avait pas d'oreilles et l'autre n'en avait qu'une [1]. Il fit une enquête sur leur vie, et finalement le prévôt du camp les fit conduire devant la grotte, où ils furent pendus et étranglés par son bourreau.

Le bon Chevalier voulut être présent à leur châtiment. Et pendant le temps de l'exécution, on vit sortir, comme par miracle, de dedans la grotte un garçon de

1. Ce qui prouvait qu'ils avaient déjà passé entre les mains de la justice.

quinze ou seize ans, qui semblait plus mort que vif et qui était tout jauni par la fumée. On l'amena devant le bon Chevalier, qui lui demanda comment il s'était sauvé. Il répondit que quand il avait vu la fumée si épaisse, il était allé jusque tout au bout de la cave, où il disait y avoir une toute petite fente dans la montagne, par où il avait pu prendre de l'air. Il dit encore une chose pitoyable : c'est que plusieurs gentilshommes et leurs femmes avaient voulu sortir quand ils s'étaient aperçus qu'on voulait mettre le feu, sachant qu'il y allait de la mort de toutes manières; mais d'autres de leurs compagnons n'avaient jamais pu y consentir.

De Longaro on alla droit à Monselice, que les Vénitiens avaient reprise et fortifiée. On y mit le siège, et il fallut la canonner pendant quatre ou cinq jours, et encore ne l'eût-on jamais prise, à cause de ses fortifications, si dans une escarmouche avec les assiégés les aventuriers, profitant de la fatigue de ces derniers, n'étaient entrés pêle-mêle avec eux dans leur ville en les poursuivant. Les vaincus mirent le feu à la grosse tour et s'y laissèrent brûler pour la plupart, plutôt que de se rendre; les autres, en sautant des créneaux, furent reçus sur la pointe des piques par les aventuriers.

On mit une garnison dans Monselice, et l'on se préparait à aller mettre le siège devant Padoue, quand on apprit que le pape Jules s'était révolté et allait faire la guerre au duc de Ferrare, qui demanda des secours au roi de France. Le grand maître, sur l'ordre du roi, lui envoya Montoison, Fontrailles, du Lude et le bon Chevalier, et lui-même se retira à Milan pour faire face aux Suisses, qui avaient quitté l'alliance du roi de France.

CHAPITRE XXXIII

Comment le pape Jules vint en personne dans le duché de Ferrare
pour mettre le siège devant la Mirandole, et comment le bon Chevalier crut prendre le pape entre San-Felice et la Mirandole, et à
quoi cela tint.

Le pape Jules, qui désirait prendre le duché de Ferrare, leva une armée nombreuse, qu'il fit entrer dans
le Bolonais, et s'en vint en personne à San-Felice, un
gros village qui est entre Concordia et la Mirandole. Il
manda à la comtesse de la Mirandole de lui rendre sa
ville ; mais celle-ci, qui était fille du seigneur Jean-
Jacques Trivulce et qui avait comme son père le cœur
français, refusa résolument.

Le pape, furieux de cette réponse, jura par saint
Pierre et saint Paul qu'il aurait la place par amour
ou par force, et commanda à son neveu, le duc d'Urbin, capitaine général de son armée, d'aller dès le
lendemain mettre le siège devant la Mirandole.

Mais la comtesse et son cousin Alexandre Trivulce
demandèrent des secours aux Français et au duc de
Ferrare. Ce duc de Ferrare était un bon prince, sage
et vaillant, qui savait les sept arts libéraux et s'entendait assez à la mécanique ; il fondait de l'artillerie,
dont il avait la plus belle du monde, et faisait les affûts
et les boulets. Il était pour lors établi à deux milles
de Ferrare, entre deux bras du Pô, à l'Ospitalet, où
il avait fait monter un pont de bateaux. Sur le conseil

des capitaines français, il envoya à la comtesse les secours qu'elle demandait, avec quelques gentilshommes français.

Ceux-ci étaient à peine arrivés de trois jours dans la ville, que le siège fut mis devant, et l'artillerie ennemie installée sur le bord du fossé. On commença à tirer de la belle manière des deux côtés.

Le bon Chevalier, qui n'épargnait pas son argent aux espions, sut par eux que le pape devait quitter San-Felice pour aller au siège de la Mirandole. Il alla trouver le duc de Ferrare et le seigneur de Montoison et leur dit : « Messeigneurs, je suis averti que le pape veut quitter San-Felice demain matin pour aller à la Mirandole. Il y a six grands milles de l'un à l'autre. J'ai eu l'idée de faire une chose. Si elle vous convient, on en parlera encore dans cent ans. A deux milles de San-Felice, il y a deux ou trois beaux palais abandonnés depuis longtemps ; je vais pendant la nuit me loger dans l'un avec cent hommes d'armes, sans page ni valet, et demain, quand le pape délogera (je sais qu'il n'aura avec lui que ses cardinaux, ses évêques et ses protonotaires, avec seulement cent cavaliers de sa garde), je sortirai de mon embuscade et je vous l'empoignerai pour sûr. »

On ne trouva rien de meilleur que le conseil du bon Chevalier.

Celui-ci exécuta aussitôt son projet ; il ne rencontra ni homme ni femme pour le trahir, et avant le jour il était logé dans un des palais. Le pape, qui était assez matinal, monta dans sa litière dès que le jour parut. Devant lui marchaient les clercs, les protonotaires, les officiers de toute sorte, qui allaient prendre le logement et qui s'étaient mis en route sans penser à rien.

Dès que le bon Chevalier les entendit venir, il sortit de l'embuscade, et vint charger les rustres, qui, tout effrayés, s'enfuirent à bride abattue en criant : « Alarme! alarme ! »

Mais cela ne leur eût servi de rien ; pape, cardinaux et évêques eussent été pris, sans un incident heureux pour le pape et malheureux pour le Chevalier : le pape était monté dans sa litière et sortait de San-Felice, quand, à une portée de canon, il se mit à tomber la neige la plus drue et la plus violente qu'on eût vue depuis cent ans. On ne se voyait pas l'un à côté de l'autre. Le cardinal de Pavie, le ministre du pape, lui dit : « Il n'est pas possible de faire du chemin tant que durera ce temps. Il faut à tout prix vous arrêter et retourner. »

Ce à quoi le pape consentit. Le malheur voulut encore qu'en poursuivant les fuyards à coups d'éperon, le bon Chevalier arriva à San-Felice juste au moment où le pape rentrait dans le château. Au bruit qu'il entendit, Jules II fut si effrayé qu'il sortit de sa litière sans le secours de personne, et qu'il aida lui-même à lever le pont. Il agit en cela en homme d'esprit : car le temps de dire un *Pater noster*, et il était croqué.

Qui fut bien marri? ce fut le bon Chevalier. Il savait bien que le château n'était guère fortifié et qu'il l'eût pu prendre en un quart d'heure ; mais il n'avait point d'artillerie ; puis il pouvait être surpris par les gens qui assiégeaient la Mirandole. Il dut donc s'en retourner après avoir pris autant de prisonniers qu'il voulut, et entre autres deux évêques *in partibus* et beaucoup de mulets d'attelage. Il s'en retourna tout mélancolique d'avoir manqué une si belle affaire.

Le pape trembla la fièvre toute la journée de la

belle peur qu'il avait eue, et la nuit il manda son neveu, le duc d'Urbin, qui le vint chercher avec quatre cents hommes et le mena au siège de la Mirandole.

La place fut enfin prise, après un siège de trois semaines, et encore le pape ne l'aurait-il pas eue sans un événement fort heureux pour lui. La neige tomba six jours et six nuits sans discontinuer, et elle couvrit le camp à hauteur d'homme. Mais après la neige il gela si fort, qu'il y eut deux grands pieds de glace dans les fossés de la Mirandole, si bien qu'il tomba de dessus le bord un canon avec son affût sans la rompre. L'artillerie du pape avait fait deux bonnes et grandes brèches ; les assiégés ne pouvaient espérer qu'on irait faire lever le siège : car le grand maître de France, le seigneur de Chaumont, était occupé à fortifier Reggio, dans la crainte que le pape n'y vînt après la prise de la Mirandole, et Jules II avait avec lui l'armée du roi d'Espagne et celle des Vénitiens. Le comte Alexandre et la comtesse de la Mirandole voulurent donc rendre la ville, à condition que les assiégés auraient la vie sauve ; mais le pape voulait tout avoir à sa merci. Enfin les choses furent arrangées par le duc d'Urbin, qui, ayant été élevé dans sa jeunesse auprès de Louis XII, avait conservé un cœur français. Le pape ne voulut pas entrer dans la ville par la porte ; il fit faire un pont sur le fossé et entra par une des brèches.

CHAPITRE XXXIV

Comment le pape envoya une bande de sept à huit mille hommes devant une place du duc de Ferrare nommée la Bastide, et comment ils furent défaits sur l'avis du bon Chevalier sans peur et sans reproche.

Quand le pape fut dans la Mirandole, il voulut aller aussitôt mettre le siège devant Ferrare. Mais cette ville était à peu près imprenable, et on ne pouvait guère la prendre qu'en affamant les assiégés. Un capitaine de Venise fit remarquer au pape que cela n'était guère commode, à moins d'avoir auparavant la place de la Bastide, à vingt ou vingt-cinq milles de Ferrare. Le pape se décida sur ce conseil à envoyer mettre le siège devant cette place.

Le gouverneur de la Bastide, qui avait trop peu d'hommes avec lui, fut effrayé de l'arrivée des ennemis, et envoya un émissaire prévenir le duc de Ferrare. Bayard rencontra cet homme sur le chemin et le mena vers le duc. Celui-ci, en lisant les lettres que l'émissaire lui remit, pâlit, et chacun le vit changer de couleur; puis il dit en haussant les épaules : « Si je perds la Bastide, je puis bien abandonner Ferrare; mais je ne vois pas le moyen de secourir cette place dans le délai que l'on me marque dans ces lettres : le secours devrait être arrivé demain; or la Bastide est à vingt-cinq milles d'ici, et de plus, pour y arriver avec le temps qu'il fait, il faut passer par un chemin où pendant un demi-mille il faut marcher l'un derrière l'autre. Avec vingt hommes, les ennemis pourraient barrer passage à dix mille hommes. »

Quand le bon Chevalier vit le duc dans cet embarras, il prit la parole : « Monseigneur, dit-il, quand il est question de peu de chose, on peut s'arrêter devant la mauvaise chance ; mais quand il y va de sa destruction, on doit y pourvoir par tous les moyens possibles. Je pense à une chose qui est assez facile à exécuter, et si le malheur n'est pas trop contre nous, nous nous en tirerons à notre honneur. Prenons deux mille hommes de pied et les huit cents Suisses du capitaine Jacob ; mettons-les la nuit en bateau sur le fleuve, ils iront par le Pô nous attendre au passage dont vous parlez. La gendarmerie fera la route à pied pendant toute la nuit pour aller les rejoindre. Du passage à la Bastide il n'y a que trois milles : nous irons livrer bataille aux assiégeants avant qu'ils aient eu le temps de se retourner, et le cœur me dit que nous les battrons. »

Le duc et les capitaines accueillirent ce conseil avec joie et l'approuvèrent.

Le duc fit préparer secrètement les barques, à cause des papistes qu'il y avait dans la ville ; les hommes montèrent dedans et furent conduits au passage par de bons et sûrs mariniers. La gendarmerie, avec le duc en personne, les rejoignit, et le bon Chevalier, qui était un vrai registre de batailles et dont on connaissait la grande expérience, organisa l'attaque de façon à surprendre les ennemis de différents côtés.

Les ennemis combattirent une bonne heure, mais n'en perdirent pas moins leur camp. Ce fut alors un sauve-qui-peut général, et le duc et les Français firent une furieuse boucherie. Il mourut plus de quatre ou cinq mille hommes de pied, plus de soixante hommes d'armes et plus de trois cents chevaux pris avec leurs bagages et l'artillerie. Plus d'un fut embarrassé pour emmener tout son butin.

Je ne sais pourquoi les chroniqueurs et les historiens n'ont pas parlé de cette belle bataille de la Bastide ; mais depuis cent ans il ne s'était jamais mieux battu ni avec autant de risque.

CHAPITRE XXXV

De plusieurs menées que tramèrent l'un contre l'autre le pape Jules et le duc de Ferrare, en quoi le bon Chevalier montra sa vertu.

Le pape était à la Mirandole quand il sut les nouvelles de la Bastide : il pensa en désespérer. Il jura Dieu qu'il s'en vengerait et qu'il n'en mettrait pas moins le siège devant Ferrare. Mais ses gens lui représentèrent qu'une ville si bien défendue et gardée par des capitaines comme le bon Chevalier ne serait pas facile à prendre de force. Le pape ne voulait rien entendre ; il répétait cent fois par jour : *Ferrare ! Ferrare ! tavio pel corpo do Dio* [1] !

Il s'avisa pourtant d'y pourvoir par la ruse. Il envoya un de ses espions, un gentilhomme de Lodi, appelé Augustin Guerlo, au duc de Ferrare, lui pro-

---

1. « Ferrare ! Ferrare ! je t'aurai, par le corps de Dieu ! »

poser de se débarrasser des Français et de faire alliance avec lui ; auquel cas, il lui donnerait une de ses nièces pour marier à son fils aîné, et le ferait gonfalonier et capitaine général de l'Église. Il comptait prendre les Français au passage et n'en pas laisser échapper un seul.

Le duc fit semblant d'accepter ces propositions ; mais il avait le cœur trop noble pour le faire et aurait mieux aimé subir cent mille morts. Il fit donc bon accueil à messire Guerlo ; puis l'enferma dans une chambre du palais et alla trouver le bon Chevalier dans son logis. Il lui conta l'affaire, ajoutant qu'il aimerait mieux être tiré tout vif à quatre chevaux que d'avoir pensé un seul instant à consentir à une pareille lâcheté.

« Il n'est pas besoin de vous excuser, monseigneur, répondit le bon Chevalier. Sur mon âme, je me tiens, moi et mes compagnons, aussi en sûreté dans cette ville que si nous étions dans Paris. »

Le duc proposa alors de gagner l'espion et de rendre au pape la pareille. Il alla donc retrouver messire Guerlo et lui dit : « J'ai pensé toute la matinée à ce que le pape veut de moi ; j'y vois deux inconvénients : le premier, c'est que je ne dois guère me fier à lui, parce qu'il a dit trop souvent qu'il me ferait mourir s'il me tenait, et que j'étais l'homme qu'il haïssait le plus, et parce que je sais combien il a envie d'avoir ma ville et mes domaines ; le second, c'est que si je dis au seigneur de Bayard que je n'ai plus que faire de lui et de ses compagnons, je sais qu'il est une fois plus puissant que moi dans la ville, et peut-être en avertira-t-il le roi ou son grand maître ; je demeurerai donc pris entre deux selles... Mais, messire Augustin, le pape est d'une terrible nature, vous le savez, il est colère et vindicatif au possible, et bien qu'il vous dise ses secrets aujourd'hui, un de ces matins il vous jouera quelque tour, croyez-m'en. Supposez aussi qu'il vienne à mourir : qu'arrivera-t-il de ses serviteurs ? Tenez, vous savez que j'ai de la fortune et beaucoup, grâce à Dieu ; si vous voulez me rendre quelques services et m'aider à me débarrasser de mon ennemi, vous serez à votre aise toute votre vie. »

Le lâche et méchant avaricieux répondit, déjà tout gagné : « Sur mon âme, monseigneur, ce que vous dites là est vrai. Aussi depuis six ans je songeais à me mettre à votre service. Je vous assure qu'il n'y a personne auprès du pape qui puisse mieux faire que moi ce que vous me demandez ; car je suis auprès de lui nuit et jour, et souvent, quand nous ne sommes que nous deux et qu'il me cause de ses trafics, il prend sa collation de ma main. Si vous me traitez bien, avant qu'il soit huit jours je veux qu'il ne soit plus de ce monde. »

Le marché fut conclu à deux mille ducats ; puis le duc retourna vers le bon Chevalier, qu'il trouva sur les remparts s'amusant à faire nettoyer un canon, et lui dit : « Monseigneur de Bayard, il arrive toujours que les trompeurs sont trompés. J'ai gagné notre homme et renversé les termes de la proposition qu'il nous faisait : il fera du pape ce qu'il voulait faire de vous ; il m'a assuré qu'avant huit jours il ne serait plus en vie. »

Le bon Chevalier, qui ne pouvait penser aux projets du duc, répondit : « Comment cela ? monseigneur a donc parlé au bon Dieu ?

— Ne vous en souciez pas, mais il en sera ainsi, » reprit le duc ; et de propos en propos il finit par dire que messire Augustin lui avait promis d'empoisonner le pape.

Alors le Chevalier se signa plus de dix fois et dit au duc : « Hé! monseigneur, je ne croirai jamais qu'un prince comme vous ait consenti à une pareille trahison : et j'en serais certain que, sur-le-champ, avant la nuit, j'en avertirais le pape. Dieu ne pardonne jamais de si horribles choses.

— Comment? dit le duc; mais il a bien voulu en faire autant de vous et de moi.

— Peu m'importe! reprit le bon Chevalier; c'est le lieutenant de Dieu sur la terre, et le faire mourir d'une telle sorte, je n'y consentirais jamais. »

Le duc haussa les épaules et, en crachant sur la terre, répondit : « Par le corps de Dieu! monseigneur de Bayard, je voudrais avoir tué tous mes ennemis de cette façon-là; mais puisque cela ne vous va pas, la chose en restera là. Vous verrez que nous nous en repentirons.

— A la grâce de Dieu! répondit le bon Chevalier. Baillez-moi donc le galant qui veut faire pareil chef-d'œuvre; je veux qu'il soit pendu ou moi avant une heure.

— Non pas, dit le duc, je l'ai assuré de sa personne, je vais le renvoyer. »

Il le renvoya en effet, et je ne sais s'il tenta jamais rien contre le pape, qui peu de jours après se retira à Bologne et fit camper son armée près de Modène.

CHAPITRE XXXVI

Comment un astrologue de Carpi dit au duc de Nemours et au bon
Chevalier leur bonne aventure.

L'empereur demanda encore des secours au roi de
France pour reprendre le Tyrol aux Vénitiens. Chaumont d'Amboise lui envoya le seigneur de la Palisse
avec plusieurs capitaines et le bon Chevalier. Celui-ci
avait depuis peu pris sous ses ordres cent hommes
d'armes, que le roi de France avait donnés au duc de
Lorraine à condition que le bon capitaine les conduirait en qualité de lieutenant. Le bon duc ne demanda
pas mieux, car il aurait trouvé difficilement un meilleur
officier.

Après avoir échoué devant Trévise, les Français prirent Gradeska et Goritz, sur les confins de l'Esclavonie ;
puis ils rejoignirent le camp du seigneur de la Palisse,
qu'ils avaient quitté pour pousser leur pointe. La Palisse avait été bien malheureux par la mauvaise volonté
des gens de l'empereur : il avait perdu plus de quatre
mille fantassins et plus de cent hommes d'armes ; environ deux mille Grisons étaient morts d'un flux de
ventre, pour avoir mangé trop de raisins, pendant le
temps que le pain manquait. Le seigneur de la Palisse
rentra à San-Bonifacio.

Jean-Jacques Trivulce reprit la Mirandole et re-
poussa l'armée du pape jusqu'aux portes de Bologne,

où elle fut défaite sans mettre l'épée à la main, et où le pape faillit être pris. Le bon Chevalier eut là sa part d'honneur, car il y mena l'avant-garde, et le seigneur Jean-Jacques lui dit en soupant qu'après Dieu l'honneur de la victoire revenait au seigneur de Bayard.

Dans ce même temps les Vénitiens assiégèrent Vérone, où était le seigneur du Plessis pour le compte du roi de France. Le seigneur de Chaumont alla faire lever le siège et fit de même pour Bologne, que l'armée du pape et les Espagnols étaient venus assiéger. Les ennemis durent se retirer dans la Romagne.

Quelque temps après, le seigneur de Chaumont alla de vie à trépas. Ce fut en son vivant un sage et vertueux seigneur, plein de vigilance et d'entente dans les affaires. La mort le prit trop tôt, car il n'avait lors de son trépas que trente-huit ans, et il n'en avait que vingt-cinq quand il prit le gouvernement du duché de Milan. Que Dieu lui donne sa grâce et son pardon, car il fut homme de bien pendant toute sa vie!

Le noble duc de Nemours, Gaston de Foix, qui était neveu du roi de France et n'avait que vingt-deux ans, lui succéda bientôt dans la lieutenance générale. Il ne conserva pas longtemps ce titre, parce qu'hélas! la mort le surprit bientôt.

Sur la fin de l'année 1511, le duc de Nemours marcha contre les Suisses; mais il n'avait pas assez de troupes avec lui, et les ennemis s'avancèrent jusqu'aux portes de Milan; mais là les vivres leur manquèrent, et ils durent en venir à un arrangement, après lequel ils s'en retournèrent, non sans avoir brûlé quinze ou vingt gros villages.

Le même duc de Nemours apprit ensuite que l'armée d'Espagne approchait de Bologne pour y mettre le siège. Pendant que les ennemis passaient à Finale, près de Ferrare, le duc s'arrêtait dans la petite ville de Carpi. Il y fut très bien reçu par le gouverneur, qui était un homme de grand savoir dans les lettres grecques et latines, et cousin germain de Pic de la Mirandole. Il soupa le soir de l'arrivée du duc de Nemours avec lui et ses capitaines. On parla d'un astrologue, qu'on appelait aussi un devin. Il n'y a rien de plus certain que tous les chrétiens doivent tenir qu'il n'y a que Dieu seul qui sache les choses futures ; mais cet astrologue de Carpi a dit tant de choses et à tant de sortes de gens, qui depuis sont arrivées, qu'il a fait rêver beaucoup de monde.

Quand le duc de Nemours entendit parler de cette merveille, comme tous les jeunes gens qui aiment voir des nouveautés, il pria le comte de Carpi d'envoyer chercher l'astrologue. Celui-ci vint aussitôt. C'était un homme sec et de moyenne taille, qui pouvait avoir environ soixante ans. Le duc de Nemours lui tendit la main et lui demanda en italien comment il se portait. Il le questionna, entre autres choses, pour savoir si le vice-roi de Naples et les Espagnols s'attendaient à la bataille. Il répondit que oui et que, sur sa vie, elle aurait lieu le vendredi saint ou le jour de Pâques et qu'elle serait fort sanglante. On lui demanda encore qui la gagnerait. Il répondit en propres termes : « Le camp restera au pouvoir des Français, et les Espagnols y feront les pertes les plus considérables qu'ils aient faites depuis cent ans ; mais les Français n'y gagneront guère, car ils perdront beaucoup de gens de bien et d'honneur. »

Le seigneur de la Palisse lui demanda s'il ne resterait point à cette bataille. Il répondit que nenni et qu'il vivrait encore douze ans pour le moins, mais qu'il périrait dans une autre bataille.

Il n'y eut guère de gens qui ne s'enquissent auprès de lui de leur fortune. Le bon Chevalier était là, qui en riait ; le duc de Nemours lui dit : « Monseigneur de Bayard, mon ami, je vous prie, demandez un peu à notre maître ce qu'il adviendra de vous.

— Il ne faut pas que je le demande, répondit-il, car ce ne sera jamais grand'chose ; mais puisque enfin vous le voulez, j'y consens. »

Et il dit à l'astrologue : « Monsieur notre maître, je vous prie, dites-moi si je serai un jour un grand et riche seigneur.

— Tu seras riche d'honneur et de vertu, répondit l'astrologue, autant que capitaine l'ait jamais été en France ; mais des biens de fortune tu n'en auras guère ; aussi ne te mets-tu pas en peine de les chercher. Je t'avertis encore que tu serviras un autre roi de France après celui qui règne, et qu'il t'aimera et t'estimera beaucoup ; mais les envieux empêcheront qu'il ne te donne jamais de grands biens, et il ne te placera pas aux honneurs que tu auras mérités : je crois cependant que la faute ne viendra pas de lui.

— Et de cette bataille qui doit être si cruelle, en sortirai-je ?

— Oui, mais tu mourras à la guerre dans douze ans pour le plus tard, et tu seras tué d'un coup d'artillerie. Autrement tu ne finirais jamais tes jours, car tu es trop aimé des gens que tu as sous toi pour qu'ils te laissent mourir dans le danger. »

Enfin on s'amusa beaucoup de ce que disait l'astrologue. Celui-ci voyait qu'entre tous les capitaines le duc de Nemours faisait grande privauté au seigneur de la Palisse et au bon Chevalier ; il les prit tous deux à part et leur dit : « Messeigneurs, je vois bien que vous aimez fort ce noble prince, qui est votre chef : il le mérite bien d'ailleurs, car il porte sur son visage toute la bonne nature qu'il a. Gardez-le bien le jour de la bataille, car il doit y demeurer. S'il en échappait, ce serait un des plus hauts personnages qu'ait eus la France. Il sera bien difficile pourtant qu'il en réchappe. Songez bien à cela ; je veux avoir la tête tranchée si jamais homme aura été en plus grand péril de mort qu'il sera ce jour-là. »

Hélas ! maudite soit l'heure où le devin a si bien dit la vérité !

CHAPITRE XXXVII

De la grande diligence du duc de Nemours pour reprendre Brescia, et comment il défit en chemin le capitaine général des Vénitiens et cinq ou six mille hommes.

Par la trahison d'un certain comte Louis Avogadro, les Vénitiens purent reprendre Brescia en rompant les grilles de fer par où sortaient les immondices de la ville. Ils tenaient à cette place, d'où ils pouvaient affamer la garnison de Vérone et empêcher celle de Milan d'aller lui porter secours. Le gouverneur de Brescia, le seigneur du Lude, victime de la trahison du comte Avogadro, ne put que se renfermer dans le château et prévenir le duc de Nemours, qui était arrivé près de Bologne ; le danger était immense : le provéditeur

André Gritti fit canonner la citadelle et y fit une large brèche. De plus, il avait fait dresser deux engins en forme de grues, qui pouvaient porter cent hommes de front à l'approche de la place.

Le duc de Nemours fut effrayé des nouvelles qu'il reçut. Brescia était, après Milan, la place la plus importante que les Français eussent en Italie. Il réunit ses capitaines aussitôt, et l'on délibéra de voler au secours du seigneur du Lude.

De son côté, André Gritti avait demandé du secours à la Seigneurie, et on lui envoyait à grandes journées messire Jean-Paul Baglione avec quatre cents hommes d'armes et quatre mille gens de pied. Mais le duc de Nemours marcha si vite, qu'un cavalier sur un courtaud de cent écus n'eût su faire plus de chemin qu'il n'en faisait faire en un jour à toute son armée. Heureusement aussi Baglione s'amusa à prendre sur sa route un petit château qui était au roi de France. Le duc de Nemours en profita et fit faire à son armée ce jour-là, en plein cœur de l'hiver, au moins trente milles, si bien qu'il se trouva près de Brescia avant le capitaine Baglione.

Quand les Français et les Vénitiens se rencontrèrent, le bon Chevalier était là ; mais il avait eu la fièvre toute la nuit, et il n'était point armé ; il était à cheval avec une simple robe de velours noir. Quand il vit qu'il fallait combattre, il emprunta un corselet à un aventurier, le mit sur sa robe, monta sur un bon cheval et s'élança sur les ennemis avec l'avant-garde.

Il engagea, lui et ses compagnons, un rude combat ; mais le gros de l'armée vint le secourir, et le capitaine de la Seigneurie dut s'enfuir, abandonnant ses gens de pied, son artillerie et la plupart de ses gens de cheval.

Ce fut une belle défaite et qui profita aux Français :
car si ce secours fût entré dans Brescia, la ville était à
jamais perdue.

Les gens du château firent des feux de joie en
apprenant la nouvelle de la défaite de Baglione. Les
habitants, moins joyeux de l'affaire et qui comprenaient qu'ils allaient être punis de leur révolte, sup-
plièrent messire André Gritti de se retirer; mais celui-
ci n'en voulut rien faire.

Le lendemain, le duc de Nemours était au pied du
château et fit passer des vivres à ses défenseurs. Il
réunit ses capitaines et résolut de donner l'assaut à la
ville.

CHAPITRE XXXVIII

Comment le duc de Nemours reprit Brescia, où le bon Chevalier se
couvrit de gloire et fut blessé quasi à mort.

Brescia n'était pas facile à prendre ; douze ou quatorze mille vilains du pays s'étaient joints aux troupes
d'André Gritti, qui étaient déjà fort considérables. Le
bon Chevalier proposa de soutenir les gens de pied du
capitaine Molard, qui devaient tenter l'assaut, avec
cent ou cent cinquante hommes d'armes, et il demanda
d'être chargé de ce poste périlleux, où il fallait se mettre à la merci des arquebuses des assiégeants.

Auparavant de donner l'assaut, le duc de Nemours,
pour éviter le massacre et le pillage qui devaient suivre
fatalement la prise de la ville, envoya un héraut som-

mer les assiégés de se rendre. On lui répondit assez mal. « Marchons, dit alors le duc de Nemours, au nom de Dieu et de monseigneur saint Denis ! »

Tambours, trompettes et clairons se mirent à sonner l'assaut avec une telle furie, que les cheveux se dressèrent sur la tête des couards, tandis que le cœur battait au ventre des vaillants. L'artillerie de la ville répondit. Le capitaine Molard monta aussitôt à l'assaut, ayant en aile le bon Chevalier et ses gens, qui étaient tous des hommes d'élite ; car la plupart avaient déjà servi comme capitaines, mais avaient préféré, à moitié moins de bénéfice, rester auprès d'un homme que ses vertus faisaient tant aimer. Ils approchèrent du premier rempart. L'artillerie et les arquebuses des ennemis tiraient dru comme mouche. Il avait plu un peu ; le château était en montagne, et pour descendre dans la ville on glissait un peu. Le duc de Nemours, pour montrer qu'il ne voulait pas rester parmi les derniers, ôta ses souliers et se mit en escarpins de chausses. Son exemple fut suivi, et les assiégeants purent se tenir plus fermes.

Le bon Chevalier et le seigneur de Molard combattirent furieusement à ce rempart, qui fut merveilleusement défendu. Les Français criaient : *France ! France !* les gens du bon Chevalier : *Bayard ! Bayard !* et les ennemis répondaient : *Marco ! Marco !* André Gritti rallumait le courage de ses gens et leur disait en italien : « Tenons bon, mes amis, les Français seront bientôt lassés ; ils n'ont de bon que leurs premiers rangs ; et si ce Bayard était défait, jamais les autres n'approcheraient. »

Il se trompait fort : car s'il avait à cœur de se défendre, les Français tenaient cent fois plus à le battre.

Invasion et pillage du palais

Aussi livrèrent-ils un furieux assaut et repoussèrent un peu les Vénitiens. Ce que voyant, le bon Chevalier s'écria : « Dedans, dedans, compagnons ! ils sont à nous ; marchez, tout est défait. »

Lui-même entra le premier et passa le rempart; mille hommes se jetèrent à sa suite, et l'on remporta le premier fort. Mais le bon Chevalier reçut un coup de pique dans le haut de la cuisse, qui entra si avant que le bout se rompit et que le fer resta dans la plaie avec un morceau de bois. Il crut être frappé à mort, tant il ressentait de douleur. Alors il cria au seigneur de Molard : « Compagnon, faites marcher vos gens, la ville est gagnée ; pour moi, je ne peux plus avancer, car je suis mort. »

Le sang lui sortait en abondance; force lui fut ou de mourir là sans confession, ou de se retirer hors de la mêlée avec deux de ses archers, qui lui étanchèrent la plaie comme ils purent, avec des lambeaux de leurs chemises qu'ils déchirèrent.

Le pauvre seigneur de Molard pleurait amèrement la perte de son ami et voisin et résolut de le venger; le bon duc de Nemours de son côté, en apprenant que le bon Chevalier venait d'être blessé à mort, n'eût pas éprouvé plus de douleur s'il eût reçu le coup lui-même. « Eh ! messeigneurs, cria-t-il, ne vengerons-nous pas sur ces vilains la mort du chevalier le plus accompli du monde ? Que chacun songe à bien faire ! »

Les Vénitiens furent dès lors fort maltraités; ils voulurent quitter la citadelle et se retirer dans la ville en faisant lever le pont; mais ils furent si hardiment poursuivis qu'ils furent obligés de gagner le palais et de se ranger en bataille avec toutes leurs forces sur la grande place. Là, le combat dura une demi-heure au plus, pendant que les habitants faisaient pleuvoir par les fenêtres de gros carreaux, des pierres et de l'eau chaude.

(Les Vénitiens furent à la fin vaincus, et il en demeura sur la grande place sept ou huit mille si bien endormis qu'ils ne se réveilleront pas d'ici cent ans. Les autres cherchèrent à s'enfuir par les rues; mais ils rencontraient toujours, pour leur malheur, quelques gens de guerre qui les tuaient comme des pourceaux. Messire André Gritti fut fait prisonnier.

Ce fut un des plus sanglants assauts qu'on ait jamais vus.)

Après la bataille, on pilla les maisons, et il se passa de lamentables choses. Dans de telles circonstances, on trouve bien toujours quelques méchants ; ils pénétrèrent dans les monastères et y firent beaucoup de dégâts. Le butin put être estimé à trois millions d'écus.

Cependant il n'est rien de si certain que la prise de Brescia fut la perte des Français en Italie : car les soldats avaient tant gagné au pillage, qu'ils s'en retournèrent et laissèrent la guerre. Ils eussent cependant eu de quoi faire à la journée de Ravenne, un peu plus tard.

Il faut dire maintenant ce que devint le bon Chevalier après avoir été blessé. Quand les archers qui étaient restés près de lui virent que la citadelle était gagnée, ils démontèrent une porte dans la première maison qu'ils rencontrèrent, chargèrent le bon Chevalier dessus, et, le plus doucement qu'ils purent, le portèrent dans la maison de plus belle apparence qu'ils virent aux environs. C'était le logis d'un riche gentilhomme, qui avait fui dans un monastère, tandis que sa femme était restée au logis, à la garde de Dieu, avec ses deux jolies filles, qui étaient cachées dans un grenier, sous du foin. Quand on vint heurter à la porte, la dame, résignée à attendre la miséricorde de Dieu, alla ouvrir ; elle vit le bon Chevalier que l'on apportait blessé, et celui-ci fit fermer la porte et mit deux archers à l'entrée en leur disant : « Gardez sur votre vie que personne n'entre céans, à moins que ce soit quelqu'un de mes gens. Je suis persuadé que quand on saura que c'est mon logis, personne ne voudra y entrer de force. Et si pour me secourir, je suis cause que vous perdiez quelque bonne aubaine, ne vous inquiétez pas, vous n'y perdrez rien. »

Les archers lui obéirent, et lui fut porté dans une fort belle chambre, où la dame du logis le conduisit elle-même ; puis elle se mit à genoux devant lui et lui dit : « Noble seigneur, je vous présente cette maison, elle est à vous par droit de guerre ; mais qu'il vous plaise me sauver l'honneur et la vie, ainsi qu'à mes deux jeunes filles, qui sont prêtes à marier. »

Le bon Chevalier, qui jamais ne pensa mal, répondit : « Madame, je ne sais si je pourrai réchapper de ma blessure ; mais, tant que je vivrai, on ne fera pas plus de mal à vous et à vos filles qu'à moi-même. Seulement, gardez-les dans vos chambres, pour qu'on ne les voie pas. Personne de ma maison n'entrera qu'où vous voudrez bien. Je vous assure au surplus que vous avez devant vous un gentilhomme qui ne vous pillera pas et qui vous montrera toute la courtoisie qu'il pourra... »

La bonne dame, en l'entendant si noblement parler, fut toute rassurée.

Le bon Chevalier la pria de lui enseigner quelque bon chirurgien qui pourrait venir le panser tout de suite : la dame l'alla querir elle-même avec un des archers. Le chirurgien visita la plaie, qui était grande et profonde, mais il affirma au Chevalier qu'il n'était pas en danger de mort. Le bon Chevalier, une fois pansé, demanda à son hôtesse où était son mari. La pauvre dame lui répondit tout éplorée : « Sur ma foi, monseigneur, je ne sais s'il est mort ou en vie. Je me doute qu'il doit être dans quelque monastère.

— Dame, dit le bon Chevalier, faites le chercher, et je l'enverrai querir, pour qu'il ne lui arrive pas de mal. »

Le maître d'hôtel du bon Chevalier et deux archers allèrent en effet le chercher et le ramenèrent.

Le duc de Nemours, qui n'était pas l'image du dieu Mars, mais qui était ce dieu lui-même, demeura sept ou huit jours à Brescia à rassurer les habitants, à faire enlever les morts et à punir le comte Avogadro et ses complices. Il allait au moins une fois par jour voir le bon Chevalier et le réconforter : « Eh ! monseigneur de Bayard, lui disait-il, pensez à vous guérir ; il va nous falloir donner la bataille aux Espagnols d'ici à un mois, et j'aimerais mieux avoir perdu tout ce que j'ai de vaillant que vous n'y fussiez pas.

— Je m'y ferai plutôt porter en litière que je n'y fusse, » répondait le bon Chevalier.

Le duc lui envoya un jour cinq cents écus, qu'il donna aux deux archers qui étaient restés auprès de lui.

Le roi de France fut très heureux de la victoire de Brescia ; mais il pria chaque jour son neveu d'en finir avec la guerre et de livrer aux Espagnols une bataille décisive. La guerre coûtait cher, et le bon roi Louis n'aimait pas fouler son peuple. De plus, il savait que le roi d'Angleterre lui brassait quelque mauvais brouet et voulait faire une descente en France, et que les

Suisses devaient tenter aussi quelque chose de leur côté. Il avait donc besoin d'avoir sous sa main son armée d'Italie.

Le duc de Nemours alla donc à la rencontre de l'armée d'Espagne que commandait le vice-roi de Naples, don Raymond de Cordoue, ayant sous ses ordres le capitaine Pedro Navarro, avec des troupes robustes qui revenaient d'Afrique. Les Espagnols se retiraient au fur et à mesure que les Français avançaient, bien décidés à n'avoir ensemble que quelques escarmouches et à refuser toute bataille décisive.

Retournons d'abord au bon Chevalier.

CHAPITRE XXXIX

Comment le bon Chevalier partit de Brescia; de la grande courtoisie qu'il montra pour son hôtesse avant de partir, et comment il arriva devant la ville de Ravenne.

Le bon Chevalier resta environ un mois ou cinq semaines sans sortir du lit. Cela n'était point sans l'ennuyer fort : car il avait chaque jour des nouvelles du camp des Français, et il savait que l'on s'attendait à livrer bataille d'instant en instant. Il voulut se lever, et marcha dans la chambre afin de voir s'il pourrait se soutenir. Il se trouva un peu faible, mais son grand courage l'empêcha d'y songer; il envoya chercher le chirurgien et lui dit : « Mon ami, dites-moi s'il n'y a point de danger de me mettre en route; il me semble

que je suis guéri ou à peu près ; or je vous jure qu'à
mon avis, demeurer encore ici me fera plus de mal
que de bien, je m'ennuie trop. »

Les serviteurs du bon Chevalier avaient déjà parlé
au chirurgien du grand désir qu'il avait d'être à la bataille. Celui-ci, qui était donc au courant et connaissait
le tempérament de son malade, lui dit : « Monseigneur, votre plaie n'est pas encore fermée ; mais enfin
elle est guérie à l'intérieur. Votre barbier vous regar-
dera bien panser encore aujourd'hui, et il aura soin
tous les jours, soir et matin, d'y mettre un petit
emplâtre dont je lui donnerai l'onguent : le mal n'em-
pirera pas. D'ailleurs il n'y a pas de danger, la plaie
est en dessus et ne touchera point la selle de votre
cheval. »

On eût donné dix mille écus au bon Chevalier qu'il
n'aurait pas été plus content. Il remercia largement le
chirurgien et résolut de partir dans deux jours.

La dame du logis, qui se regardait toujours comme
sa prisonnière, elle, son mari et ses enfants, pensa que,
si son hôte voulait la traiter avec rigueur, comme les
Français avaient fait dans les autres maisons, il lui demanderait bien douze mille écus, puisqu'ils en avaient
deux mille de rente. Elle prit le parti de lui faire quelque honnête présent ; et comme elle avait reconnu en
lui un homme de cœur, elle pensait qu'il s'en contenterait gracieusement. *Le matin où le bon Chevalier*
devait quitter la maison après le dîner, son hôtesse
entra dans sa chambre, suivie d'un de ses serviteurs qui
portait une petite boîte d'acier. Elle trouva le bon
Chevalier se reposant sur une chaise, après s'être beaucoup promené afin d'essayer sa jambe petit à petit.
Elle se jeta à deux genoux devant lui ; mais il la re-

leva aussitôt et ne voulut jamais souffrir qu'elle dît un mot avant d'être assise auprès de lui.

« Monseigneur, dit-elle, la grâce que Dieu me fit, pendant la prise de cette ville, de vous adresser dans cette maison, aujourd'hui la vôtre, ne me fut pas moindre que d'avoir sauvé la vie à mon mari, à moi et à mes deux filles, et leur honneur en plus, qu'elles doivent considérer davantage. Depuis que vous êtes ici, il ne m'a été fait ni à moi ni au moindre de mes gens aucune injure ; vos gens se sont montrés fort courtois et ils n'ont pas pris ici la valeur d'un quatrin [1] sans payer. Je n'oublie pas que mon mari, mes enfants, moi et toute la maison nous sommes vos prisonniers et que nos biens vous appartiennent ; mais connaissant la noblesse de votre cœur, que personne ne pourrait imiter, je suis venue vous supplier très humblement qu'il vous plaise avoir pitié de nous et augmenter encore votre générosité accoutumée. Voici un petit présent que nous vous faisons, faites-nous le plaisir de l'agréer. »

Elle prit alors la boîte que tenait le serviteur et elle l'ouvrit devant le bon Chevalier, qui la vit fleurie de beaux ducats. Le noble seigneur, qui jamais de sa vie n'avait fait cas de l'argent, se mit à rire et dit : « Madame, combien de ducats y a-t-il dans cette boîte ? »

La pauvre femme eut peur qu'il ne fût courroucé d'en voir si peu et lui répondit : « Monseigneur, il n'y a que deux mille cinq cents ducats ; mais si vous n'êtes content, nous en trouverons d'autres. »

— Ma foi, madame, reprit le bon Chevalier, quand vous me donneriez cent mille écus, vous ne m'auriez

1. Quart d'un denier.

pas fait plus de plaisir que je n'en ai eu du bon accueil que j'ai reçu dans cette maison ; je vous assure qu'en quelque lieu que je me trouve, tant que Dieu me prêtera vie, vous aurez un gentilhomme à vos ordres. De vos ducats, je n'en veux point et vous en remercie ; reprenez-les. Toute ma vie j'ai beaucoup plus aimé les gens que les écus, et dites-vous bien que je m'en vais aussi content de vous que si cette ville eût été à votre disposition et que vous me l'eussiez donnée. »

La bonne dame fut bien étonnée de se voir ainsi éconduite : elle se remit à genoux de nouveau. Le bon Chevalier ne la laissa pas faire ; mais dès qu'elle fut relevée, elle dit : « Monseigneur, je me sentirais à jamais la plus malheureuse femme du monde si vous n'emportiez ce mince présent, qui n'est rien en comparaison de la courtoisie que vous m'avez déjà montrée et que vous me montrez encore par votre grande bonté. »

Quand le bon Chevalier la vit aussi résolue et qu'elle faisait le présent avec tant de cœur, il reprit : « Soit donc, madame ! je le prends pour l'amour de vous ; mais allez moi chercher vos deux filles, pour que je leur dise adieu. »

La pauvre femme, qui se croyait au paradis parce que son cadeau avait enfin été accepté, alla querir ses filles, qui étaient fort belles, fort bonnes et bien instruites et qui, pendant la maladie du Chevalier, lui avaient donné beaucoup de passe-temps, parce qu'elles savaient fort bien chanter, jouer du luth et de l'épinette et travailler gentiment à l'aiguille. Pendant ce temps, le bon Chevalier fit mettre les ducats en trois tas : deux de mille ducats et l'autre de cinq cents.

Les jeunes filles, en arrivant, se mirent à genoux ; le

Chevalier les releva aussitôt, et l'aînée prit la parole :
« Monseigneur, les deux pauvres jeunes filles à qui vous avez fait tant d'honneur que de les protéger contre toute injure, viennent prendre congé de vous, et remercient très humblement Votre Seigneurie de la grâce que vous leur avez témoignée, et elles ne cesseront de prier Dieu pour vous. »

Le bon Chevalier, les larmes aux yeux de voir tant de douceur et d'humilité dans ces deux belles filles, répondit : « Mes damoiselles, vous faites ce que je devrais faire : c'est-à-dire vous remercier de la bonne compagnie que vous m'avez tenue, ce pourquoi je me sens votre très obligé. Vous savez que les gens de guerre ne sont pas d'ordinaire munis de belles choses à offrir à des dames. Cela me fâche aujourd'hui de ne pas en avoir pour vous en faire présent, comme je le devrais. Voici madame votre mère qui m'a donné les deux mille cinq cents ducats que vous voyez sur cette table : je vous en donne à chacune mille pour vous aider à vous marier ; et pour me remercier, je vous prie simplement de prier Dieu pour moi. »

Puis il leur mit les ducats dans leur tablier, de bon ou de mauvais gré, et s'adressant ensuite à son hôtesse : « Madame, dit-il, je prendrai ces cinq cents ducats pour moi, afin de les distribuer aux pauvres couvents de dames qui ont été pillés ; et je vous en donne la charge, car vous vous y entendrez mieux que moi. Et sur cela je prends congé de vous. »

Il leur prit à toutes trois la main à la mode d'Italie ; les dames se mirent à genoux, pleurant si fort qu'il semblait qu'on voulût les mener à la mort. Alors la dame dit : « Fleur de chevalier, à qui rien ne se peut comparer, le benoît Sauveur et Rédempteur Jésus-

Christ, qui souffrit mort et passion pour tous les pécheurs, vous le veuille rendre en ce monde-ci ou en l'autre ! »

Elles retournèrent ensuite dans leur chambre.

Le bon Chevalier fit ensuite ses adieux au maître du logis, qu'il fit dîner avec lui, puis il fit demander ses chevaux, ayant toujours belle peur que la bataille ne fût donnée sans lui.

Comme il sortait de sa chambre pour monter à cheval, les deux belles filles du logis descendirent et lui firent chacune un cadeau qu'elles avaient ouvré pendant sa maladie : l'un était de deux jolis et mignons bracelets faits de beau et fin fil d'or et d'argent ; l'autre était une bourse sur satin cramoisi fort habilement travaillée. Il les remercia beaucoup, dit que le présent venait de si bonnes mains qu'il l'estimait dix mille écus, et pour faire honneur aux jeunes filles, il se fit mettre les bracelets au bras, et mit la bourse dans sa manche, affirmant que tant que ces objets dureraient, il les porterait pour l'amour d'elles. Puis il monta à cheval.

Quand il rejoignit l'armée auprès de Ravenne, il fut accueilli avec une véritable joie par le duc de Nemours et les autres capitaines ; et les hommes d'armes et les aventuriers en faisaient un tel bruit, qu'il semblait qu'en venant le Chevalier avait renforcé l'armée de dix mille hommes.

CHAPITRE XL

Comment le siège fut mis par le noble duc de Nemours devant
Ravenne, et comment plusieurs assauts y furent donnés le vendredi saint, où les Français furent repoussés.

Quand le noble duc de Nemours fut arrivé devant
Ravenne, il réunit ses capitaines pour délibérer sur ce
qu'il y avait à faire. Les Français commençaient à
manquer de vivres; de plus l'empereur avait envoyé
une lettre au capitaine Jacob Emser, pour lui ordonner
de retirer ses lansquenets. Heureusement le capitaine,
qui avait le cœur français et qui aimait beaucoup le
duc de Nemours et le bon Chevalier, montra la lettre
à ce dernier avant de la faire voir à personne d'autre.
Le bon Chevalier obtint qu'il la gardât secrète jusqu'après la bataille; mais il fallait agir vite, à cause
des vivres qui manquaient et de ces cinq mille lansquenets qui, sur une nouvelle lettre de l'empereur,
auraient été obligés de partir.

Dans le conseil, plusieurs capitaines représentèrent
au duc les grands dangers qu'il y avait à donner immédiatement la bataille. Mais le bon Chevalier, qui savait l'affaire des lansquenets, déclara qu'il fallait en
venir aux mains le plus tôt possible. « Plus vous tar-
derez, disait-il, plus nous serons malheureux; car nos
gens n'ont plus de vivres, et il faut que nos chevaux
mangent les rejetons des saules. Considérez encore

que chaque jour le roi notre maître écrit qu'il faut
livrer la bataille, et qu'entre nos mains repose à la

On cannona durement
la ville.

fois la sécurité de son duché de Milan et de tout son
royaume de France. Donc, je suis d'avis qu'il faut livrer
bataille, mais prudemment, parce que nous avons affaire

à des gens cauteleux et à de bons soldats. L'affaire sera dangereuse, cela est certain ; mais il y a une chose qui me réconforte : c'est que les Espagnols, depuis un an qu'ils sont dans cette Romagne, ont été nourris comme le poisson dans l'eau ; ils sont gras et replets, tandis que nos gens ont eu et ont encore grande disette de vivres ; aussi ils auront l'haleine plus longue que nos ennemis. Cela nous suffira, car le camp restera à ceux qui combattront le plus longtemps. »

Chacun se mit à rire du propos, car le bon Cheva-

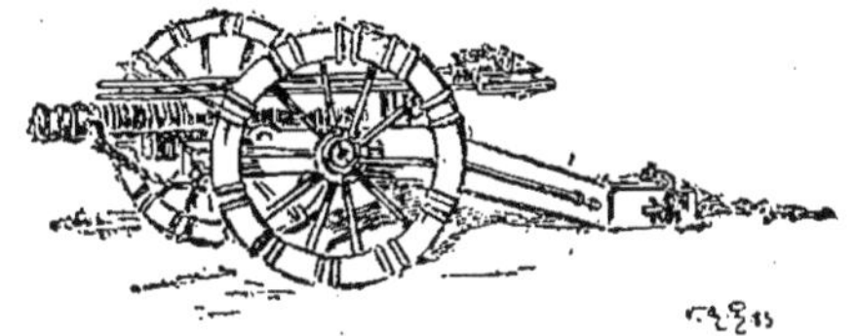

Bâtarde.

lier mettait beaucoup de grâce à tout ce qu'il disait. On se rangea à son opinion.

Le lendemain, qui était le vendredi saint, on canonna durement la ville de Ravenne et on y fit une brèche. Mais les gens du gouverneur Marc-Antoine Colonna se défendirent énergiquement. Quand les Français eurent donné cinq ou six assauts et qu'ils virent qu'ils n'emporteraient pas la place de cette manière, ils firent sonner la retraite. Dieu leur rendit ce service : car s'ils avaient pris la ville, ils n'auraient pu en faire sortir les aventuriers occupés à la piller, et ils auraient couru le risque de perdre la bataille.

Le duc de Nemours fit reposer ses soldats, parce que le combat pouvait avoir lieu d'heure en heure, les ennemis étant à deux milles environ. Il engagea aussi le bon Chevalier à faire une pointe sur eux, pour leur apprendre sa présence dans le camp français : car les prisonniers espagnols demandaient toujours s'il était au camp, tant ils le redoutaient. C'est ce que fit le Chevalier le lendemain, et il y montra comme d'habitude toute sa prouesse.

CHAPITRE XLI

De la cruelle bataille de Ravenne, où les Espagnols et les Napolitains furent déconfits, et de la mort du duc de Nemours.

Le duc de Nemours réunit une fois encore ses capitaines. Ce bon duc était le passe-preux de tous ceux qui ont existé depuis mille ans ; on ne peut lire dans aucune histoire ni empereur, ni roi, ni prince, ni seigneur, qui en si peu de temps ait fait d'aussi belles choses que lui ; mais la mort cruelle le prit à l'âge de vingt-quatre ans, et ce fut un dommage irréparable pour toute la noblesse. Il réunit donc ses capitaines et leur dit : « Messeigneurs, vous voyez que les vivres nous manquent ; cette grosse ville de Ravenne nous fait la barbe d'un côté, les ennemis sont à une portée de canon ; les Vénitiens et les Suisses font mine de descendre dans le Milanais, où nous n'avons laissé que peu de monde ; de plus, le roi, mon oncle, me presse tous les jours d'engager la bataille ; donc, pour toutes ces raisons, dans l'intérêt de notre maître et dans le nôtre, il me semble qu'il n'y a plus de temps à perdre et

qu'il faut aller trouver nos ennemis. Si nous avons la
fortune de notre côté, nous remercierons Dieu; si elle
nous est contraire, que sa volonté soit faite. »

Les seigneurs de la Palisse, de Lautrec, Louis d'Ars

Reître.

et les autres furent de cet avis, et l'on convint de marcher sur l'ennemi le lendemain, qui était le jour de
Pâques. Le bon Chevalier demanda à ce qu'on fît un
plan de bataille bien complet, pour que chacun sût ce
qu'il avait à faire. On ferait une seule troupe des gens

de pied pour déloger les Espagnols, qui se tenaient toujours soigneusement dans une position avantageuse. Derrière l'avant-garde marcheraient le duc de Nemours, Lautrec, Louis d'Ars et le bon Chevalier.

On construisit un pont de bateaux sur un petit canal qui était entre les deux armées, pour passer l'artillerie et les gens de pied.

Le lendemain matin, les premiers rangs des lansquenets commencèrent à passer. Le seigneur de Molard dit alors à ses reîtres : « Compagnons, nous reprochera-t-on que les lansquenets sont passés près des ennemis plus tôt que nous ! J'aimerais mieux pour moi avoir perdu un œil. »

Là-dessus, comme les lansquenets occupaient le pont, il se jeta dans le gué tout chaussé et tout vêtu, suivi de ses gens. L'artillerie passa ensuite et fut mise en avant des gens de pied, qui se rangèrent en bataille.

Pendant que les troupes passaient, le duc de Nemours sortit de son logis bardé de toutes pièces, sauf de son armet. En sortant il regarda le soleil et dit à ceux qui l'entouraient : « Regardez, messeigneurs, comme le soleil est rouge. »

Il y avait là un gentilhomme Hautbourdin, qu'il aimait beaucoup, et qui répondit : « Savez-vous ce que cela signifie, monseigneur ? Cela veut dire qu'il mourra aujourd'hui quelque prince ou quelque grand capitaine ; il faut que ce soit vous ou le vice-roi de Naples. »

Le duc se mit à rire de ce propos et alla voir passer son armée. En attendant la fin du passage, il alla se promener le long du canal avec le bon Chevalier. Ils virent de l'autre côté une troupe d'Espagnols, avec qui ils engagèrent la conversation. Leur capitaine, qui était Pedro de Paz, apprit qu'il parlait au capitaine Bayard, qui avait conquis une si belle gloire au royaume de Naples, et lui dit : « Sur ma foi, monseigneur de Bayard, bien que je sache que nous n'avons rien gagné à votre arrivée et que j'en tienne votre camp renforcé de deux mille hommes, je suis bien aise de vous voir. Plût à Dieu qu'il survînt une bonne paix entre votre maître et le mien, pour que nous puissions deviser quelque temps ensemble : car toute ma vie je vous ai aimé, à cause de votre grande prouesse. »

Le bon Chevalier, qui ne manquait pas de courtoisie, lui rendit son compliment au double.

Le capitaine espagnol demanda ensuite au Chevalier qui était le seigneur qui était avec lui et à qui on faisait tant d'honneur. En apprenant que c'était le duc de Nemours, lui et ses gens se mirent à pied et le saluèrent très humblement. Le duc leur demanda alors si, pour ne pas faire couler tant de sang, le vice-roi ne consentirait pas à régler le différend dans un combat singulier avec lui. On lui répondit qu'il ne devait pas y compter, et chacun retourna à son affaire.

En allant et venant ainsi, le duc voyait le camp ennemi, qui n'était qu'acier ; il remarqua que l'avant-garde du seigneur Fabricio Colonna était toute à découvert. Ses gens le voyaient aussi. « Par ma foi, dit le seigneur d'Alègre, avec deux pièces d'artillerie seulement nous leur ferions beau dommage ! » Et il alla lui-même faire amener un canon et une longue couleuvrine.

Déjà les Espagnols commençaient à faire donner l'artillerie, de leur camp, qui était fort bien placé et couvert par un large fossé, derrière lequel tous leurs fantassins étaient couchés sur le ventre, à l'abri de l'artillerie française. Sur leur front ils avaient vingt pièces, canons ou couleuvrines, et deux cents hacquebutes[1] à croc, entre deux desquelles on avait placé sur de petites charrettes roulantes de grandes pièces de fer acérées et tranchantes en manière de rangon[2], pour faire rouler dans les fossés les gens de pied ennemis qui voudraient pousser contre. En aile était l'avant-garde, avec huit cents hommes d'armes conduits par Fabricio Colonna ; un peu plus haut était le centre, avec la meilleure gendarmerie qu'on eût jamais vue.

Une fois la rivière passée, le duc de Nemours fit marcher ses troupes en avant. Les Espagnols tiraient sur les gens de pied comme dans une cible ; ils en abattirent ainsi plus de deux mille, avant même qu'on en vînt aux mains. Molard et Philippe de Fribourg furent tués là d'un même coup de canon. Cependant les Français marchaient toujours, malgré l'artillerie espagnole. Les deux pièces que le seigneur d'Alègre et le bon Chevalier avaient fait venir sur le bord du canal tiraient sans relâche sur les gens du seigneur Fabricio et leur causaient des pertes incroyables. Leur capitaine dit plus tard, étant prisonnier, qu'un seul coup de canon lui avait emporté trente-trois hommes d'armes. Cela irritait les Espagnols, qui se voyaient tuer sans savoir par qui ; mais Pedro Navarro avait ordonné formellement de ne sortir du retranchement qu'au moment de l'assaut. A la fin pourtant, Fabricio ne put tenir ses gens, qui répétaient toujours : *Cuerpo de Dios, somos matados del cielo ; vamos combater las umbras !* Ils sortirent du retranchement afin d'éviter les coups d'artillerie et se mirent dans la plaine pour en venir aux mains. Ils laissèrent l'avant-garde et

----

1. *Hacquebutes,* arquebuse ; ici c'est une grosse arquebuse sur affût.
2. *Rangon,* lance à fer recourbé en forme de croc.

coururent droit au centre, où se trouvait le duc de Nemours avec quelques gens d'armes.

Ceux-ci, joyeux d'avoir le premier engagement, bais-
sèrent les visières, et avec un beau courage marchèrent
droit sur les ennemis, qui se divisèrent afin de les
cerner. Mais le bon Chevalier s'aperçut de la ruse et
en prévint le duc de Nemours : « Monseigneur, dit-il,
mettons-nous en deux troupes, jusqu'à ce que nous
ayons passé le fossé ; ils veulent nous cerner. »

Les Espagnols attaquèrent en poussant le cri :

Coulevrine.

*Espagne ! Espagne ! San Yago ! Aux canailles ! aux
canailles !* Ils arrivaient furieusement, mais ils furent
encore plus furieusement reçus par les Français, qui
criaient de leur côté : *France ! France ! Aux chevaux ! aux chevaux !* Car les Espagnols ne visaient
jamais qu'à tuer les chevaux, en vertu de leur proverbe : *Muerto el cavallo, perdido el hombre d'armas*[1].
Ce combat dura plus d'une demi-heure. On se reposait
les uns en face des autres pour reprendre haleine ;
puis l'on rebaissait sa visière et l'on recommençait de
plus belle, en criant : *France !* ou : *Espagne !* le plus
impétueusement du monde.

____

1. « Mort le cheval, perdu l'homme d'armes. »

Mais les Espagnols étaient de moitié plus nombreux que les Français. Aussi le seigneur d'Alègre courut à son avant-garde, et, avisant le bataillon de messire Robert de la Mark, qui portait blanc et noir sur sa livrée, il lui cria : « Blanc et noir, marchez ! et aussi les archers de la garde. » Le duc de Ferrare se porta aussi à bride abattue au secours du duc de Nemours. A l'arrivée de ces troupes fraîches, il y eut un terrible choc. Les Espagnols furent vivement assaillis. Les archers de la garde avaient, pendues à l'arçon, de petites cognées avec lesquelles ils construisaient leurs tentes ; ils en donnaient de grands et rudes coups sur l'armet aux Espagnols. On ne vit jamais aussi furieux combat. Les Espagnols durent enfin abandonner leur camp, où, entre deux fossés, périrent trois cents hommes d'armes. On fit prisonniers plusieurs princes du royaume de Naples, à qui l'on fit grâce de la vie.

On voulait se mettre à la poursuite des ennemis ; mais le bon Chevalier dit au duc de Nemours, qui était tout éclaboussé du sang et de la cervelle d'un de ses hommes d'armes, qui avait été emporté près de lui par un coup d'artillerie : « Monseigneur, vous êtes blessé !

— Non, Dieu merci ! mais j'en ai blessé plus d'un.

— Alors Dieu soit loué ! reprit le bon Chevalier ; vous avez gagné la bataille, et vous êtes aujourd'hui le prince du monde le plus glorieux ; mais ne poussez pas plus avant et rassemblez ici votre gendarmerie. Qu'on ne se mette point encore au pillage, ce n'est pas le moment. Le capitaine Louis d'Ars et moi nous allons aller après les fuyards, pour qu'ils ne se retirent pas derrière leurs gens de pied. Pour vous, ne partez pas d'ici avant que nous ne soyons venus vous chercher. »

Ce que le duc promit de faire; mais il ne tint pas sa promesse, et mal lui en prit.

Je vous ai dit que les fantassins espagnols s'étaient couchés sur le ventre dans un retranchement difficile à assaillir, car on ne les voyait pas. On ordonna que les deux mille Gascons allassent les prendre en queue et tirer dessus pour les faire lever. Les fantassins français étaient à deux piques des Espagnols; mais comme ils ne voyaient pas les ennemis, ils ne savaient comment entrer dans le retranchement. Le capitaine Odet et le cadet de Duras dirent qu'ils étaient prêts à faire lever les Espagnols, mais qu'on leur donnât quelques piquiers, pour que si quelques compagnies sortaient sur leurs gens après qu'ils auraient tiré, ils se vissent soutenus. Cela était raisonnable; le seigneur de Montcaure avec ses mille Picards alla avec eux. Les Gascons tirèrent très adroitement et blessèrent plusieurs Espagnols, ce qui ne sembla guère leur plaire : car soudain ils se relevèrent en bel ordre de bataille, et de derrière eux sortirent deux compagnies de mille ou douze cents hommes, qui vinrent donner contre les Gascons. Je ne sais si ce fut la faute de ces derniers ou des Picards; mais ils se laissèrent rompre par les Espagnols, et Montcaure fut tué, avec plusieurs autres. Les Espagnols poussèrent un grand cri de joie, comme s'ils avaient gagné la bataille. Ils savaient bien cependant qu'elle était perdue pour eux; aussi ne voulurent-ils pas se mettre derrière les deux compagnies qui avaient défait les Gascons; mais ils voulurent gagner Ravenne, et prirent la chaussée du canal, où ils ne pouvaient marcher que trois ou quatre de front.

Je vais les laisser là et revenir à la grosse masse des fantassins français et espagnols. Quand les Espagnols furent relevés, ils se présentèrent sur le bord du fossé, où les Français leur livrèrent un fier et rude assaut. Mais les hacquebutes servirent bien les Espagnols, et beaucoup de Français furent tués, parmi lesquels le capitaine Jacob Emser, qui reçut un coup au travers du corps, tomba et ne se releva plus que pour dire : « Messeigneurs, servons aujourd'hui le roi de France aussi bien qu'il nous a traités. »

Il avait sous ses ordres un capitaine nommé Fabien, un des plus grands et des plus beaux hommes qu'on vit jamais. Quand il vit son bon maître mort, il ne voulut plus vivre et eut la plus grande hardiesse qu'homme ait pu avoir : les Espagnols avaient au bord du fossé une grosse haie de piques croisées, qui empêchaient les Français de le franchir. Fabien prit sa pique par le travers et l'appuyant ainsi sur celles des Espagnols qui étaient couchés, avec une force extraordinaire, les fit mettre le fer en terre. Alors les Français firent une forte poussée et entrèrent dans le fossé. Mais ce fut un carnage ; jamais on ne se défendit mieux que les Espagnols, qui, n'ayant plus leurs jambes ou leurs bras entiers, se mettaient à mordre leurs ennemis. Les Français y firent des pertes sérieuses ; mais les Espagnols en firent de plus sérieuses encore, parce que la gendarmerie de l'avant-garde les vint attaquer sur les côtés et réussit à les rompre. Ils périrent tous et furent taillés en pièces, sauf le comte Pedro Navarro, qui fut fait prisonnier avec quelques autres capitaines.

Revenons maintenant aux deux compagnies qui en s'enfuyant comptaient gagner Ravenne ; mais ils rencontrèrent en chemin le bâtard du Fay avec les guidons et les archers, qui les obligea à faire front du côté de la chaussée, et revint au gros de la bataille.

Gaston de Foix à la bataille de Ravenne.

Quand les Gascons furent défaits par les deux compagnies espagnoles, plusieurs s'enfuirent, et quelques-uns vinrent à l'endroit où se trouvait le duc de Nemours, qui vint à eux leur demander ce qu'il y avait. Un poltron répondit : « Ce sont les Espagnols qui nous ont battus. » Le pauvre prince, croyant que c'était la troupe de ses gens de pied, fut désespéré, et, sans regarder si on le suivait, courut se jeter sur la chaussée avec une quinzaine d'hommes d'armes, à la rencontre des compagnies qui se retiraient par là. Les Espagnols tirèrent quelques coups de hacquebutes, qu'ils avaient pu recharger, et se jetèrent à coups de pique sur le duc de Nemours et sur sa petite troupe. Mais l'on ne pouvait guère remuer : car la chaussée était étroite, bordée d'un côté par le canal, dans lequel on ne pouvait descendre, et de l'autre par un grand fossé qu'on ne pouvait franchir. Tous ceux qui étaient avec le duc furent jetés dans l'eau ou tombèrent dans le fossé. Quant au duc, il eut les jarrets de son cheval coupés ; alors il se mit à pied, l'épée au poing, et jamais Roland à Roncevaux ne donna de plus beaux coups. Son cousin de Lautrec faisait comme lui, criant de toutes ses forces aux Espagnols : « Ne le tuez pas, c'est notre vice-roi, le frère de votre reine ! » Malgré cela, le pauvre seigneur y resta, couvert de blessures ; il en avait quatorze ou quinze depuis le menton jusqu'au front, ce qui montrait bien que le courageux prince n'avait point tourné le dos. Lautrec fut laissé pour mort.

Pendant la bataille et avant même la déroute complète de son armée, le vice-roi de Naples, don Raymond de Cordoue, s'était enfui.

Quand le bon Chevalier et tous les Français furent rentrés au camp, il était quatre heures après midi,

et la bataille avait commencé vers huit heures du
matin.

Il y a eu bien des batailles depuis que Dieu créa le
ciel et la terre; mais on n'en vit jamais de plus cruelle,
de plus furieuse ni de mieux soutenue de la part des
deux adversaires que la bataille de Ravenne.

CHAPITRE XLII

La prise de la ville de Ravenne; comment les Français furent chassés
deux mois après d'Italie, en l'an 1512. De la grave maladie du
bon Chevalier. Du voyage qui fut fait au royaume de Navarre, et de
tout ce qui advint en ladite année.

Le lendemain de la bataille, les aventuriers français
et les lansquenets pillèrent la ville de Ravenne. On
aurait poursuivi les choses si le bon duc de Nemours
avait encore été vivant; mais les Vénitiens et les Suisses
menaçaient Milan : on y retourna donc. Ce fut sous le
dôme de Milan qu'on enterra le bon duc, avec une telle
pompe que jamais prince n'eut pareilles funérailles.
Il y avait plus de dix mille personnes portant le deuil,
la plupart à cheval. Devant le corps on porta, traînant
à terre, quarante enseignes prises sur l'ennemi, suivies
des guidons et des enseignes du duc, droits et flottants,
pour bien démontrer que c'étaient ceux-là qui avaient
abattu l'orgueil des autres. Ces douloureuses obsèques
furent accompagnées des pleurs et des gémissements
de tous.

Lautrec étant blessé à mort, les capitaines élurent
pour chef le seigneur de la Palisse. L'empereur retira
ses lansquenets, et l'armée des Vénitiens, des Suisses et
des gens du pape trouva l'armée française démembrée
et ruinée. On dut se retirer à Pavie, qui fut reprise, où
le bon Chevalier, en gardant un pont de bateaux, fut
blessé d'un coup de fauconneau, qui lui enleva toute la
chair jusqu'à l'os entre le cou et l'épaule. On le crut
mort; mais lui, qui ne s'effraya jamais de rien, bien
qu'il se sentît grièvement blessé, dit à ses compagnons :
« Messeigneurs, ce n'est rien. » On s'efforça d'étancher

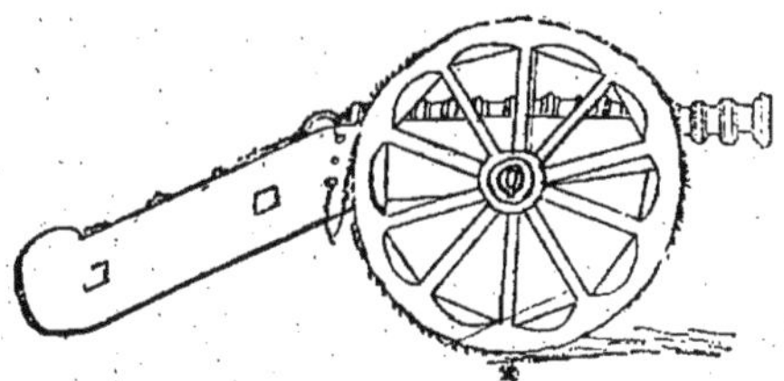

Fauconneau.

le sang avec de la mousse qu'on prit aux arbres et des
linges que les soldats prirent à leurs chemises.

Les Français perdirent successivement à peu près
toutes leurs places d'Italie et durent repasser les monts.

Le bon Chevalier se retira à Grenoble, pour visiter
son bon oncle l'évêque, qu'il n'avait pas vu depuis longtemps. C'était un des plus vertueux prélats qui fût au
monde. Il reçut son neveu très honnêtement et le logea
à l'évêché, où il fut traité comme la pierre dans de l'or.
Les dames des environs et celles de la ville venaient
le voir et ne tarissaient pas en louanges, à sa grande
honte. C'est pendant ce temps que, par suite des
grandes fatigues qu'il avait eues ou par suite du coup

de fauconneau qu'il avait reçu à la retraite de Pavie, le bon Chevalier fut empoigné d'une fièvre continue, qui le tint dix-sept jours à désespérer de sa vie. Le pauvre gentilhomme, se voyant ainsi abattu par la maladie, faisait les plus piteuses complaintes qu'on entendît jamais. A l'entendre, il eût fallu avoir le cœur bien dur pour que les larmes ne vous vinssent pas aux yeux.

« Hélas ! disait-il, mon Dieu, puisque c'est ton bon plaisir de m'ôter si tôt de ce monde, que ne m'as-tu fait la grâce de me faire mourir en même temps que le noble prince le duc de Nemours et que mes autres compagnons, à la journée de Ravenne, ou bien à l'assaut de Brescia, où je fus si grièvement blessé? Hélas ! je fusse mort alors beaucoup plus joyeusement ! Au moins j'eusse fait comme mes bons ancêtres, qui sont toujours restés sur les champs de bataille ! Faut-il que j'aie essuyé tant de grands dangers aux assauts, aux batailles, aux rencontres, pour mourir présentement dans mon lit comme une femmelette? Enfin, que ta volonté soit faite ! Je suis un grand pécheur, mais j'espère en ton infinie miséricorde. Hélas ! mon Créateur, je t'ai gravement offensé dans mon passé; mais si j'eusse vécu plus vieux, j'avais bon espoir, avec ta grâce, d'amender bientôt ma mauvaise vie. »

Ainsi le bon Chevalier faisait entendre ses regrets, parce que la fièvre le brûlait. Il s'adressait aussi à monseigneur saint Antoine : « Très glorieux confesseur, lui disait-il, véritable ami de Dieu, saint Antoine, je t'ai bien aimé toute ma vie et j'ai mis ma confiance en toi, et voilà que tu me laisses ici brûler d'une si ardente fièvre, que je ne désire plus autre chose que la mort! Hélas! n'as-tu plus de souvenance qu'en Italie,

pendant la guerre contre le pape, étant logé à Rubère
dans une de tes maisons, j'ai empêché qu'on la brûlât?
Sans moi on y eût mis le feu; mais en commémora-
tion de ton saint nom, je me logeai dedans, bien qu'elle
fût hors de la forteresse, et au risque des ennemis qui
jour et nuit pouvaient venir m'y trouver sans rencontrer d'obstacle. J'ai mieux aimé cependant demeurer
là pendant un mois que ta maison ne fût détruite. Je
te supplie au moins de me soulager de cette grande
chaleur qui me brûle, et de faire requête à Dieu ou de
m'ôter bientôt de ce misérable monde ou de me rendre
la santé. »

Le bon Chevalier se désolait si pitoyablement qu'il
n'y avait personne autour de lui qui ne fondît en larmes.
Ainsi faisait son bon oncle l'évêque, qui toute la journée était en oraison pour son neveu, et avec lui les
nobles bourgeois, les marchands, les religieux, les
religieuses, se mettaient jour et nuit en prières pour le
bon Chevalier. Il n'est pas possible qu'entre tant de
monde il n'y eût quelque bonne âme que Dieu voulût
bien entendre. Aussi la fièvre finit par le quitter peu
à peu; il commença à se reposer et à prendre goût aux
viandes, si bien qu'au bout de quinze jours ou trois
semaines de bon traitement, il fut guéri et revint aussi
gaillard qu'il ne l'avait jamais été. Alors il se remit à
faire quelques promenades près de la ville, faisant
visite à ses amis et aux dames, et faisant force banquets pour se distraire.

Le bon Chevalier demeura encore quelque temps
en Dauphiné, puis il alla passer les Pyrénées pour
rejoindre le seigneur de la Palisse. Il s'agissait de
rendre au roi de Navarre son royaume, que voulait lui
prendre le roi d'Aragon. L'armée française vint mettre

le siège devant Pampelune. Mais avant d'y donner l'assaut, il fallait prendre un petit château des environs. Le bon Chevalier s'en chargea et sut le prendre par une ruse habile. Il fit monter par des échelles son compagnon Petit-Jean de Vergue, qui vint avec ses hommes prendre les assiégés en queue et les étonner beaucoup de voir leurs ennemis dans la place même qu'ils croyaient défendre.

Pampelune se laissa bien battre par l'artillerie française, mais on ne put la prendre d'assaut. Il fallut repasser les monts en abandonnant l'artillerie, qu'on ne pouvait faire passer à travers les montagnes, et les troupes françaises furent décimées par la faim. Le bon Chevalier, qui était toujours le premier à l'aller et le dernier au retour, soutint la retraite du mieux qu'il put.

Ce fut là une funeste expédition. Cette même année, le pape Jules II mourut et fut remplacé par le cardinal de Médicis, sous le nom de Léon X.

CHAPITRE XLIII

Comment le roi Henri d'Angleterre descendit en France et mit le siège devant Thérouanne ; et d'une bataille dite la *Journée des éperons*, où le bon Chevalier fit merveilles d'armes et rendit de grands services à la France.

En l'an 1513, le roi de France, au retour de la Lombardie, qu'il avait fallu abandonner une fois de plus, apprit que le roi d'Angleterre, allié de l'empereur, était descendu à Calais avec une grosse armée pour entrer en Picardie. Les Anglais allèrent mettre le siège devant Thérouanne. Le roi Henri n'arriva en personne que quelques jours après et faillit être pris par les Français à Tournehen, village entre Calais et Thérouanne. Les Français étaient là au nombre de douze cents hommes d'armes, mais sans fantassins, tandis que le roi d'Angleterre n'avait que ses fantassins et pas de cavaliers. Le roi d'Angleterre eut une grande frayeur, descendit de cheval et se mit au milieu des lansquenets. Le bon Chevalier voulait attaquer, prétextant que l'affaire n'entraînait pas de risque, et que si l'on était battu on pourrait facilement battre en retraite, puisqu'on avait des chevaux et que les ennemis n'en avaient pas. Mais le seigneur de Piennes, gouverneur de la Picardie, répondit qu'il avait l'ordre du roi de ne pas engager de bataille et de se tenir seulement sur la défensive. Le roi d'Angleterre passa donc avec sa bande au nez des Français. Le bon Chevalier ne put pourtant faire autrement que de donner en queue sur la compagnie et remporta une pièce d'artillerie appelée Saint-Jean. Le roi d'Angleterre en avait onze autres comme celle-là, et il les appelait ses douze apôtres.

Le roi Henri fut rejoint devant Thérouanne par l'empereur Maximilien avec des Bourguignons et des Hennuyers[1]. Le roi de France, qui s'était avancé vers Amiens, mandait au seigneur de Piennes de ravitailler la place assiégée, coûte que coûte. On convint donc de s'approcher de Thérouanne et de faire une alarme au camp anglais. Mais le roi d'Angleterre, prévenu, porta dès le point du jour sur le haut d'un tertre dix mille

1. Gens du Hainaut.

archers anglais, cinq cents lansquenets et huit pièces
de canon, avec l'ordre de laisser passer les Français et
de descendre ensuite leur couper la retraite. Les gens de
cheval devaient pendant ce temps les assaillir de front.

On a beaucoup blâmé les gentilhommes français de
leur conduite dans cette journée, c'est à tort : il y a
une chose que peu de gens savent, c'est que les capitaines avaient recommandé de ne pas engager de
combat, que le but était seulement de ravitailler Thérouanne, et que si l'on rencontrait les ennemis en trop
grand nombre, il fallait se retirer, du pas au trot et du
trot au galop.

Donc, en voyant descendre les Anglais du tertre où
ils étaient postés, on sonna la retraite ; les gendarmes
français, de plus en plus pressés, passèrent du pas au
trot et du trot au galop ; mais ils vinrent se jeter si furieusement sur les seigneurs de la Palisse et de Longueville, qui étaient en bataille, qu'ils mirent tout en
désordre. Les ennemis, voyant si pauvre conduite,
continuèrent à poursuivre les fuyards et firent tourner
le dos à tous les Français. Le seigneur de la Palisse
et d'autres avaient beau crier : « Tourne, homme
d'armes, tourne, ce n'est rien ! » chacun s'efforçait de
rentrer au camp, où étaient restés l'artillerie et les
gens de pied.

Le duc de Longueville et le seigneur de la Palisse
restèrent au pouvoir des ennemis ; mais ce dernier leur
échappa.

Le bon Chevalier s'éloignait à regret avec une
quinzaine d'hommes d'armes, se retournant de minute
en minute contre ses ennemis. Il trouva sur sa route
un petit pont au-dessus de l'eau d'un moulin, où l'on
ne pouvait passer que deux chevaux de front : « Mes

amis, arrêtons-nous là, dit-il : car nos ennemis ne remporteront pas ce pont sur nous d'ici une heure. »

Puis il appela un de ses archers, auquel il dit : « Allez vite au camp et dites à monseigneur de la Palisse que j'ai arrêté les ennemis pour une demi-heure, qu'il en profite pour mettre son monde en bataille et qu'on ne s'épouvante point. »

Les Bourguignons et Hennuyers arrivèrent au pont, où il leur fallut combattre, ce qui laissait le temps aux Français du camp de se remettre sur la défensive. Mais quand ils virent que si peu de gens leur faisaient la barbe, ils demandèrent à grands cris des archers. Pendant que ceux-ci arrivaient, deux cents chevaux prirent par le long du ruisseau, passèrent au moulin et vinrent cerner le bon Chevalier. Celui-ci dit à ses gens : « Messeigneurs, rendons-nous à ces gentilshommes, notre prouesse ne nous servirait de rien. Nos chevaux sont recrus ; ils sont dix contre un, et si nous attendons un peu, les archers anglais vont venir et nous mettront en pièces. »

Sur ces paroles arrivent les Bourguignons, criant : *Bourgogne ! Bourgogne !* et faisant une forte poussée sur les Français, qui commencèrent à se rendre aux plus apparents. Pendant que chacun prenait son prisonnier, le bon Chevalier avisa un jeune homme bien tranquille sous de petits arbres, qui, épuisé de chaleur, avait retiré son armet, et, à cause de sa lassitude, dédaignait de s'occuper des prisonniers. Bayard piqua son cheval droit sur lui, et lui mit l'épée sur la gorge en disant : « Rends-toi, homme d'armes, ou tu es mort. »

Quit fut bien ébahi ? Ce fut le gentilhomme, car il croyait que tous les prisonniers avaient été faits. Cependant, par peur de mourir, il dit : « Je me rends donc, puisque je suis pris de cette manière. Qui êtes-vous ?

— Je suis le capitaine Bayard, qui me rends à vous. Voici mon épée ; je vous prie de m'emmener avec vous, et si quelques Anglais voulaient nous tuer en chemin, vous me feriez la courtoisie de me rendre mon épée. »

Le gentilhomme lui en fit la promesse et la tint.

Le bon Chevalier fut mené au camp du roi d'Angleterre, dans la tente de ce gentilhomme, qui le traita fort bien. Le cinquième jour, le bon Chevalier lui dit : « Mon gentilhomme, je voudrais bien que vous me fissiez mener en sûreté au camp du roi mon maître, car je commence à m'ennuyer ici.

— Comment ! dit l'autre, nous n'avons pas encore parlé de votre rançon !

— De ma rançon ! reprit le Chevalier ; vous ne m'avez pas parlé de la vôtre, voulez-vous dire ? car vous êtes mon prisonnier ; et ce n'est qu'après avoir eu votre parole que je me suis rendu à vous, seulement pour avoir la vie sauve. »

Qui fut bien étonné ? Ce fut le gentilhomme. Au surplus, le bon Chevalier ajouta : « Mon gentilhomme, si vous ne tenez pas votre promesse, je suis sûr que je m'échapperai ; mais sachez bien qu'ensuite je me battrai avec vous. »

Le gentilhomme ne savait que répondre : il avait assez entendu parler du capitaine Bayard, et il ne voulait point de combat. Comme il était assez courtois chevalier, il dit : « Monseigneur de Bayard, je ne vous veux faire que ce qui est raisonnable ; je vais m'en rapporter aux capitaines. »

Vous comprenez bien qu'on ne put tellement cacher le bon Chevalier qu'on ne sût qu'il était dans le camp ;

et à entendre les ennemis, ils croyaient pour cela avoir
gagné une bataille. L'empereur envoya chercher le
bon Chevalier et se le fit amener dans son logis, où il
lui fit très bon accueil : « Capitaine Bayard, mon ami,
dit-il, j'ai grande joie de vous voir. Plût à Dieu que
j'eusse beaucoup d'hommes tels que vous ! je ne met-
trais pas longtemps à me venger des bons tours que
m'a faits le roi votre maître dans le passé... Il me
semble qu'autrefois nous avons été à la guerre en-

Henri VIII.

semble, et m'est avis qn'on disait en ce temps-là que
Bayard ne fuyait jamais.

— Si j'avais fui, sire, répondit celui-ci, je ne serais
pas ici. »

Sur ces entrefaites entra le roi d'Angleterre, à qui
l'on fit connaître le bon Chevalier et qui lui fit bon
accueil. On commença à parler de la retraite des
Français, et le roi d'Angleterre disait qu'il n'avait jamais vu gens si bien fuir et en si grand nombre que
les Français ce jour-là, qui n'étaient poursuivis que par
quatre à cinq cents chevaux. L'empereur et lui en par-
laient d'assez méchante façon.

« Sur mon âme, dit le bon Chevalier, il n'y a pas de

reproche à faire à la gendarmerie de France : car elle avait reçu le commandement exprès de ne pas combattre. Vous savez bien, hauts et puissants seigneurs, que la noblesse de France est renommée dans le monde entier. Je ne dis pas que je doive être du nombre.

— Vraiment, monseigneur de Bayard, dit le roi d'Angleterre, si tous vous ressemblaient, il me faudrait bientôt lever le siège de cette ville. Quoi qu'il en soit, vous êtes mon prisonnier.

— Sire, répondit le bon Chevalier, c'est ce que je n'avoue pas, et je voudrais bien m'en rapporter à l'empereur et à vous. »

Il conta alors les choses comme elles étaient arrivées ; le gentilhomme n'y contredit pas et dit : « Tout cela est vrai comme le raconte le seigneur de Bayard. »

L'empereur et le roi s'entre-regardèrent, et l'empereur dit le premier qu'à son opinion Bayard n'était pas prisonnier et que le gentilhomme était plutôt celui de Bayard. Cependant, à cause des courtoisies échangées, ils demeuraient l'un envers l'autre quittes de leurs paroles. Mais le bon Chevalier devait pouvoir s'en aller quand il plairait au roi d'Angleterre. Celui-ci répondit qu'il partageait cette opinion, qu'il lui demandait sa parole de ne pas reprendre les armes pendant six semaines et qu'après il lui donnait congé ; en attendant, il pourrait aller voir les villes de Flandre.

Le bon Chevalier remercia le roi d'Angleterre et l'empereur de la gracieuseté qu'ils lui faisaient, et s'en alla se promener dans le pays jusqu'au jour convenu. Le roi d'Angleterre en profita pour le faire solliciter de se mettre à son service et lui offrit beaucoup de biens ; mais il perdit sa peine, car le cœur du bon Chevalier était tout français.

Thérouanne fut prise, et ensuite Tournay, que les habitants avaient voulu défendre seuls. L'hiver fit rentrer les deux armées.

CHAPITRE XLIV

Du trépas de la magnanime et vertueuse princesse Anne, reine de France et duchesse de Bretagne ; du mariage du roi Louis XII avec Marie d'Angleterre, et de la mort du roi. Comment le roi François Ier passa les monts, et de la prise du seigneur Prosper Colonna par la subtilité du bon Chevalier.

Le roi se retira dans sa ville de Blois, où il lui arriva une grande douleur par le trépas de sa bonne compagne et épouse. La noble princesse n'avait pas trente-huit ans, et pour raconter sa vie et ses vertus il faudrait que Dieu ressuscitât Cicéron pour le latin et Jean de Meung[1] pour le français, car les modernes ne sauraient y atteindre.

Par l'entremise du seigneur de Longueville, qui était prisonnier en Angleterre, on traita du mariage du roi Louis avec madame Marie, sœur du roi d'Angleterre. Le roi, qui était malade, n'avait pas grand besoin de se remarier ; mais il le fit par dévouement pour son peuple. Peu après il mourut. Le bon prince fut pleuré

---

1. Un des deux auteurs du *Roman de la Rose.*

par tous ses sujets, qui lui donnèrent le nom de *Père du peuple*.

François, premier de ce nom, à l'âge de vingt ans,

Passage des Alpes.

le plus beau prince du monde, qui avait épousé madame Claude de France, lui succéda à la couronne. Après son sacre, il prépara secrètement une expédition pour reconquérir son duché de Milan. Le bon

Chevalier fut envoyé en avant, pendant que le roi passait merveilleusement la montagne, en un endroit où l'on n'avait encore passé. Le bon Chevalier surprit Prosper Colonna, le lieutenant général du pape, à Villafranca, où il ne croyait pas que les Français pussent venir à moins de voler par-dessus les montagnes. Il croyait n'avoir affaire qu'à Bayard et aux quelques gens d'armes qui l'accompagnaient, et avait dit qu'il prendrait le bon Chevalier comme pigeon en cage. Ce fut lui au contraire qui fut pris comme pigeon en cage, à Villafranca, par le bon Chevalier, qui avait fait une extrême diligence.

CHAPITRE XLV

De la bataille que François Ier livra aux Suisses, où il demeura victorieux, et comment, après la bataille, il voulut être fait chevalier de la main de Bayard.

Le roi de France fut très joyeux de la capture du seigneur Prosper. Il fit avancer son armée le plus promptement possible et arriva à Turin, où il fut bien reçu par le duc de Savoie, son oncle. Les Suisses qui gardaient les passages, en apprenant la prise du seigneur Prosper, se retirèrent du côté de Milan. On voulut traiter avec eux, et l'affaire semblait déjà faite, quand ce bon prophète le cardinal de Sion, qui toute sa vie a été un ennemi mortel des Français, les prêcha si bien, qu'ils sortirent de Milan et se jetèrent sur le camp du roi. Le connétable de Bourbon, qui conduisait l'avant-garde, se mit en bataille et avertit le roi, qui se mettait à souper. François Ier laissa tout là et courut sur les ennemis, qui déjà s'escarmouchaient avec les siens. Les escarmouches durèrent longtemps avant

Bataille de Marignan.

qu'on en vint au grand jeu. Les lansquenets du roi voulurent franchir les rangs des Suisses; mais ceux-ci, après en avoir laissé passer quelques centaines, se reformèrent et les jetèrent dans un fossé. Le duc de Bourbon et le bon Chevalier voulurent attaquer les Suisses par le travers; mais la nuit était déjà venue. Néanmoins, le soir, la gendarmerie de l'avant-garde les dispersa, et une bande de deux mille environ venant passer en face du roi, celui-ci les chargea gaillardement ; le combat fut rude, et le prince y courut grand danger, car sa grande buffleterie fut percée d'outre en outre par un coup de pique. Il était déjà si tard qu'on

Bayard armant François 1er chevalier.

ne se voyait pas l'un en face de l'autre, et l'on dut s'arrêter des deux côtés. Mais l'on ne dormit que d'un œil. Le roi de France supporta l'aventure comme le moindre de ses soldats, et demeura toute la nuit à cheval comme les autres [1].

1. C'est la journée de Marignan (13 septembre 1515).

Dès le point du jour, les Suisses voulurent recommencer la bataille et coururent sur l'artillerie des Français, qui les accueillit fort bien. Jamais gens cependant ne combattirent mieux ; l'affaire dura trois ou quatre bonnes heures, mais finalement les Suisses furent dispersés et vaincus, et il en resta sur le champ de bataille dix ou douze mille. Le restant se retira en assez bon ordre, le long d'un grand chemin, vers Milan, où ils furent reconduits à coups d'épée, tant par les Français que par le capitaine général de la seigneurie de Venise, messire d'Alviano, qui venait d'arriver avec les secours des Vénitiens. Les Français avaient fait de grosses pertes. On résolut de laisser fuir les ennemis sans les poursuivre. Ils se réfugièrent à Milan et de là regagnèrent leur pays ; et si le roi l'eût voulu, on eût pu n'en pas laisser échapper un seul.

Le soir du vendredi, après la fin de la bataille, qui se terminait à l'honneur du roi de France, *il y eut grande joie dans le camp*, et l'on parla des faits d'armes de la journée. On en trouva beaucoup ; mais on trouva par-dessus tout que le bon Chevalier s'était montré tel qu'il en avait eu l'habitude dans les autres affaires. Le roi voulut l'honorer beaucoup, car il prit l'ordre de chevalerie de sa main ; et il avait bien raison, car il ne l'aurait su prendre de meilleure.

CHAPITRE XLVI

Comment le bon Chevalier garda la ville de Mézières contre les troupes de l'empereur, où il se couvrit de gloire.

L'an 1519, l'empereur Maximilien alla de vie à trépas. Le fils de son fils, Charles, roi des Espagnes, fut élu empereur après lui. Peu de temps après, le seigneur de Sedan, messire Robert de la Marck, qui pour lors était au service de la France, envahit les pays de l'empereur. Celui-ci leva une grosse armée et lui donna pour chef le comte de Nassau et Franz de Sickingen. Les troupes de l'empereur prirent Mouzon et menaçaient Mézières. Le roi de France manda aussitôt qu'on envoyât le bon Chevalier dans cette ville ; qu'il ne connaissait personne dans son royaume en qui il eût plus de confiance, et qu'il espérait que Bayard la garderait si bien et si longtemps qu'il aurait le temps de rassembler ses troupes pour les opposer aux surprises de l'empereur. Le Chevalier fut heureux de recevoir ce commandement et se jeta dans Mézières avec le jeune seigneur de Montmorency.

Il trouva la ville assez peu prête pour résister au siège, qui pouvait être mis du jour au lendemain. Il usa de diligence et fit élever des remparts jour et nuit. Il n'y avait ni homme d'armes ni fantassin qui ne se mît à la besogne. Lui-même, pour encourager son monde, s'y mit et disait : « Comment ! messeigneurs, nous sera-t-il reproché que cette ville a été perdue par notre faute, quand nous sommes ici une telle compagnie et tant de gens de bien ! Il me semble que, quand même nous serions en un pré avec un fossé de quatre pieds devant nous, nous saurions encore combattre toute une journée avant d'être vaincus. Dieu merci ! nous avons fossé, muraille et remparts, et je crois qu'avant que les ennemis mettent le pied ici, il en dormira plus d'un dans nos fossés. »

Bref, il donnait un tel courage à ses gens, qu'ils finirent par croire qu'ils étaient dans la place la plus forte du monde. Le lendemain, le siège fut mis devant Mézières, en deux endroits, en deçà et au delà de l'eau. L'un des camps était commandé par le comte de Sickingen avec quatorze ou quinze mille hommes ; dans l'autre était le comte de Nassau avec plus de vingt mille hommes.

Les Allemands envoyèrent un héraut d'armes vers le bon Chevalier, pour lui remontrer qu'il eût à rendre la ville de Mézières, qui ne pouvait tenir contre leurs forces, et qu'à cause de sa grande et belle chevalerie, ils seraient très fâchés de la prendre d'assaut au détriment de son honneur ; qu'il pouvait lui en coûter la vie, qu'il suffisait d'un malheur pour faire oublier toutes les belles actions d'un homme et que, s'il voulait entendre raison, ils traiteraient avec lui de si belle façon qu'il s'en contenterait. » Ils lui firent dire encore quelques autres belles choses par le héraut. Mais le bon Chevalier, après l'avoir écouté attentivement, se mit à sourire et, sans avoir besoin du conseil de personne, lui répondit : « Mon ami, je m'étonne de la gracieuseté que me font aujourd'hui messeigneurs de Nassau et Franz, et qu'ils aient si grande peur de ma personne ;

Préparatifs de défense.

car je n'ai jamais eu de grandes relations avec eux. Héraut, mon ami, vous allez vous en retourner et leur dire que le roi mon maître avait dans son royaume des personnages beaucoup plus puissants que moi pour les envoyer garder cette ville, qui est à votre frontière; mais puisqu'il m'a fait l'honneur d'avoir confiance en moi, j'espère, avec l'aide de Notre-Seigneur, lui conserver sa ville si longtemps que vos maîtres s'ennuieront plus de m'assiéger que moi d'être assiégé par eux. Vous ajouterez que je ne suis plus un enfant qu'on amuse avec des paroles. »

Puis il recommanda qu'on fît bien dîner le héraut et qu'on le mît hors de la ville. Il rapporta au camp la réponse du bon Chevalier, qui ne plut guère aux seigneurs de Nassau et de Sickingen. Ils avaient alors près d'eux un Picard, le capitaine Grand-Jean, qui avait été au service du roi de France en Italie avec le bon Chevalier; cet homme dit tout haut : « Messeigneurs, ne vous attendez pas à entrer dans Mézières tant que vivra monseigneur de Bayard; je le connais, et il m'a mené à la guerre plusieurs fois; il est tel que, s'il avait près de lui les gens les plus couards du monde, il les rendrait braves. Sachez donc que tous ceux qui sont avec lui mourront sur la brèche, et lui le premier, avant que nous ne mettions le pied dans la ville. Pour moi, j'aimerais mieux qu'il y eût deux mille hommes de plus dans la place et que Bayard n'y fût pas en personne. »

Le comte répondit : « Capitaine Grand-Jean, le capitaine Bayard n'est ni de fer ni d'acier, comme un autre. S'il est si brave compagnon, qu'il nous le montre : car avant quatre jours je lui ferai donner tant de coups de canon, qu'il ne saura de quel côté se tourner,

— On verra bien ce qui arrivera, reprit le Picard, mais vous ne l'aurez pas comme vous le croyez. »

On fit battre la ville et en moins de quatre jours on tira plus de cinq mille coups d'artillerie.

Le bon Chevalier, qu'on prenait à juste titre pour un des hommes les plus hardis du monde, avait encore une autre qualité qu'il faut louer tout autant : c'était un des plus vigilants et des plus subtils guerroyeurs qu'on pût trouver. Il se demanda comment il pourrait bien faire repasser l'eau au seigneur de Sickingen, dont le camp lui faisait beaucoup de mal. Il fit écrire une lettre à messire Robert de la Marck, qui était à Sedan, ainsi conçue : « Monseigneur, je crois que vous savez assez que je suis assiégé dans cette ville, d'un côté par le comte de Nassau, et en deçà de la rivière par le seigneur Franz. Il me semble qu'il y a six mois vous m'avez dit que vous vouliez trouver le moyen de le gagner au service du roi notre maître et qu'il était votre allié. Puisque l'on dit que c'est un galant homme, je le désirerais beaucoup ; mais si vous pensez que cela puisse s'arranger, vous ferez bien d'y voir, mais plutôt aujourd'hui que demain. Je serais très aise qu'il y consentît ; mais, dans le cas contraire, je vous préviens qu'avant vingt-quatre heures lui et tout son camp seront mis en pièces ; car à trois petites lieues d'ici viennent coucher douze mille Suisses et huit cents hommes d'armes, qui demain, à la pointe du jour, doivent tomber sur son camp, et je ferai une sortie par l'un des côtés, et il sera bien habile s'il échappe. Je vous en ai bien voulu avertir, mais je vous prie que la chose soit tenue secrète. »

Cette lettre écrite, Bayard prit un paysan, lui donna un écu et lui dit : « Va-t'en à Sedan remettre

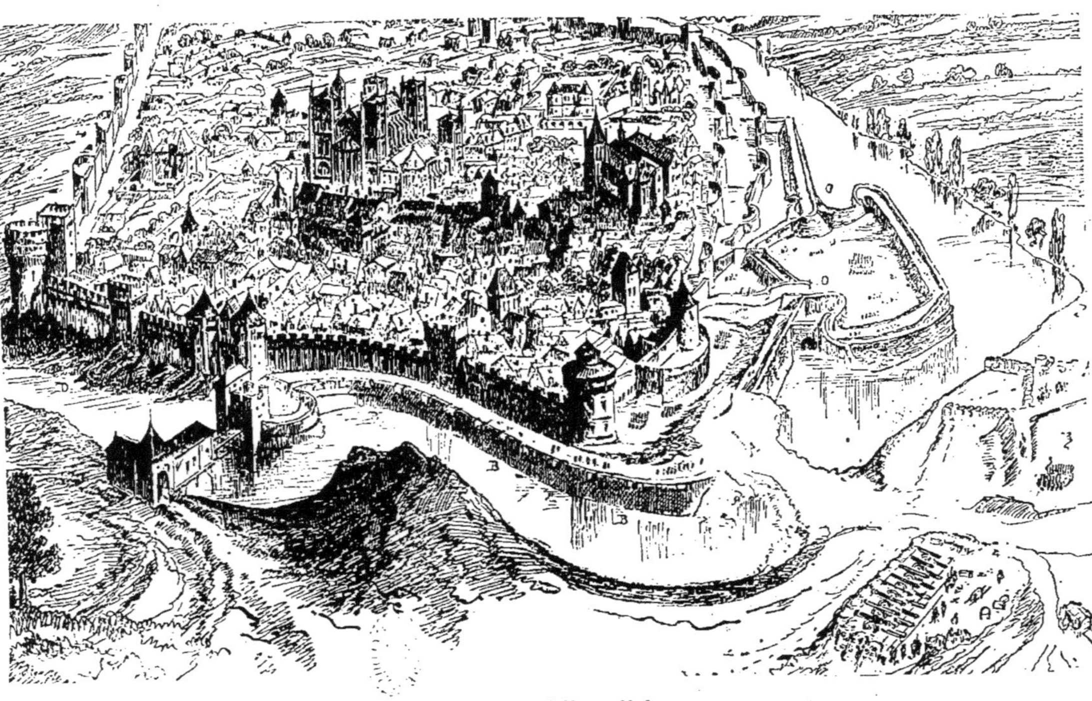

Siège au seizième siècle.

cette lettre à messire Robert de la Marck et dis-lui
que c'est le capitaine Bayard qui lui envoie. »

Le bonhomme s'en va aussitôt. Mais le bon Chevalier
savait bien qu'il lui était impossible de passer sans
être pris par les gens du seigneur Franz. Ce qui arriva
avant qu'il fût à deux portées d'arc de la ville.

Quand le seigneur de Sickingen tint la lettre et l'ouvrit, il fut bien étonné du contenu. Il commença à se
douter que, par jalousie, le comte de Nassau lui avait
fait passer l'eau pour qu'il fût battu ; car il y avait eu
quelque pique entre eux peu de temps auparavant.
Il s'écria donc : « Je sais bien que monseigneur de
Nassau ne cherche qu'à me perdre ; mais, par la
sangdieu ! il n'en sera pas ainsi ! »

Il fit battre à l'étendard par le tambour et se mit en
devoir de passer l'eau. Quand le comte de Nassau entendit le bruit, il envoya savoir ce qui arrivait par un
gentilhomme, qui en arrivant trouva tout le camp de
Sickingen en armes. On lui revint dire que le seigneur
Franz voulait repasser du côté du comte de Nassau.
Celui-ci fut stupéfait : c'était en quelque sorte lever le
siège de la ville. Il envoya aussitôt un de ses gentilshommes privés dire au seigneur de Sickingen de ne
pas bouger avant qu'ils eussent causé ensemble.

« Retournez dire au comte, répondit Sickingen, que
je n'en ferai rien et que je ne resterai pas à la boucherie,
comme il le désire. Et s'il veut m'empêcher de camper auprès de lui, nous verrons en combattant à qui
restera le camp de lui ou de moi. »

Jamais homme ne fut plus stupéfait que le comte de
Nassau en apprenant cette réponse. Toutefois, pour
ne pas être surpris, il fit ranger ses gens en bataille.
Les gens de Sickingen n'en passèrent pas moins la ri-

vière et se mirent en ordre de bataille à leur tour. C'était à croire qu'ils allaient combattre les uns contre les autres, et les tambours roulaient furieusement.

Le pauvre homme qui devait porter la lettre du bon Chevalier revint à Mézières et s'excusa. Le bon Chevalier se mit à rire à pleine gorge, voyant bien que sa lettre avait donné à réfléchir au seigneur Franz. Il s'en alla sur le rempart avec quelques gentilshommes et vit les deux camps rangés en bataille l'un devant l'autre. « Par ma foi, dit-il, puisqu'ils ne veulent commencer à se battre, je m'en vais commencer moi-même. »

Et il fit tirer cinq ou six coups de canon au travers des ennemis, qui se dispersèrent et finirent par s'apaiser et camper.

Le lendemain ils troussèrent leurs quilles et levèrent le siège de la ville sans avoir jamais osé livrer l'assaut : tout cela par crainte du bon Chevalier. Les deux seigneurs ne firent pas la paix tout de suite et partirent chacun de son côté.

C'est ainsi que fut levé le siège devant Mézières, où le bon Chevalier sans peur et sans reproche mérita bien la couronne de laurier ; car, sans qu'on lui livrât d'assaut, il tint les ennemis aux abois pendant trois semaines.

Pendant ce temps, le roi avait pu réunir son armée, et il alla reprendre la ville de Mouzon en se rendant à son camp, où il fit un bel accueil au bon Chevalier, qu'il ne pouvait se rassasier de louer devant tout le monde. Il voulut le récompenser honnêtement du grand service qu'il venait de lui rendre : il le fit chevalier de son ordre[1] et lui donna cent hommes d'armes à commander.

---

1. L'ordre de Saint-Michel.

Le roi se mit à la poursuite de ses ennemis et les chassa de son territoire jusque dans Valenciennes, où alla le bon Chevalier.

Celui-ci fut envoyé ensuite à Gênes, et il alla encore en Italie. Mais je ne veux plus que vous raconter la mort du bon Chevalier sans peur et sans reproche. Dolente et malheureuse journée pour toute la noblesse de France !

CHAPITRE XLVII

Comment le bon Chevalier, dans une retraite qu'il soutint en Italie, fut tué d'un coup d'artillerie.

Au commencement de l'an 1524, le roi de France avait une armée en Italie, sous les ordres de son amiral le seigneur de Bonnivet. Or le camp du roi de France était alors dans une petite ville nommée Biagrasso, où l'amiral dit au bon Chevalier : « Monseigneur de Bayard, il faut que vous alliez loger à Rebec avec deux cents hommes d'armes et les gens de pied de Lorges : c'est le moyen d'inquiéter les gens de Milan. »

Il faut savoir que bien que le bon Chevalier ne murmurât jamais des commissions qu'on lui donnait, il ne pouvait guère être content de celle-là, qu'il savait dangereuse et douteuse ; et il s'en plaignit à son lieutenant. L'amiral lui répondit qu'il n'avait pas à s'inquiéter, car il ne sortirait pas une souris de Milan qu'il n'en fût averti, et il lui en dit tant enfin d'une sorte ou d'une autre, que le bon Chevalier s'en alla dans Rebec, mais tout fâché. Il n'y mena que deux grands chevaux et envoya ses mulets et le reste de son équipage à Nö-vare, comme s'il jugeait perdu tout ce qu'il emmenait là avec lui. Une fois arrivés dans ce village de Rebec, lui et ses gens examinèrent comment ils le pourraient fortifier ; mais ils ne trouvèrent d'autre moyen que de mettre des barricades aux issues. En fait, on pouvait y entrer par tous les côtés. Le bon Chevalier écrivit souvent à l'amiral qu'il était en un endroit très dangereux et que, s'il voulait qu'il s'y tînt longtemps, il lui envoyât du secours ; mais il n'en eut point de réponse.

Les ennemis, qui étaient dans Milan au nombre de quatorze ou quinze mille, furent avertis par des espions que le bon Chevalier était dans Rebec avec petite compagnie. Ils convinrent, tout joyeux, d'aller le surprendre la nuit et de le battre. Ils se mirent aux champs vers minuit, au nombre de six à sept mille hommes de pied et quatre à cinq cents hommes d'armes. Le bon Chevalier, qui était toujours sur ses gardes, mettait à peu près toutes les nuits la moitié de ses gens au guet et aux écoutes, et lui-même y passa deux ou trois nuits, si bien qu'il finit par tomber malade d'ennui et de froid plus qu'il ne voulait en avoir l'air, et ce jour-là il avait été obligé de garder la chambre. Sur le soir, il avait ordonné aux capitaines d'aller mettre le guet et de bien regarder de tous côtés s'ils ne risquaient pas d'être surpris. Ils y allèrent ou firent semblant d'y aller ; mais, parce qu'il pleuvait un peu, les gens du guet s'é-taient retirés, sauf trois ou quatre pauvres archers.

Les Espagnols, pendant ce temps-là, avançaient tou-jours ; ils avaient, pour mieux se reconnaître dans la nuit, revêtu chacun une chemise par-dessus le harnois. Quand ils furent à une portée d'arc du village, ils fu-

François Ier.

14

rent tout étonnés de ne trouver personne et pensèrent que le bon Chevalier, ayant eu vent de leur coup de main, s'était retiré à Biagrasso. Pourtant ils continuèrent à avancer, et cent pas plus loin rencontrèrent les quelques archers qui étaient restés au guet et les chargèrent. Les pauvres diables ne firent point de résistance et prirent la fuite, en criant : « Alarme ! alarme ! » Mais ils furent chassés si vivement, que les ennemis furent aux barricades en même temps qu'eux.

Le bon Chevalier, qui dans les situations dangereuses ne dormait jamais que vêtu, portait ses avant-bras et ses cuissards, et avait sa cuirasse auprès de lui ; il fit brider un cheval qui était tout sellé, le monta et vint avec cinq ou six de ses hommes d'armes droit à la barrière, où le rejoignirent le capitaine Lorges et quelques-uns de ses gens de pied, qui se mirent aussitôt en position.

Les ennemis étaient autour du village en train de chercher le logis du bon Chevalier : car s'ils l'eussent pris, ils se fussent peu inquiétés du reste ; mais ils ne le tenaient pas encore.

Ce fut une chaude alarme. Le bon Chevalier, qui de la barricade entendait les tambours de l'ennemi sonner dru et fort, dit au capitaine Lorges : « Lorges, mon ami, voilà un jeu mal partagé. S'ils passent la barricade, nous sommes fricassés. Emmenez donc vos gens, je vous prie, serrez le plus possible et filez droit à Biagrasso ; je demeurerai en arrière avec mes gens de cheval. Mais il faut laisser notre bagage aux ennemis : il n'y a pas moyen autrement ; tâchons au moins de sauver les hommes, si c'est possible. »

Dès que le bon Chevalier eut parlé, le capitaine Lorges exécuta ses ordres. Les Français se retirèrent, comme ils purent, et ne perdirent pas dix hommes. Les ennemis cherchaient encore le bon Chevalier dans les maisons et de tous les côtés, qu'il était déjà à Biagrasso. Il y eut quelques paroles fâcheuses entre l'amiral et lui, et si tous deux eussent vécu, ils fussent peut-être allés plus loin. Le bon Chevalier pensa mourir de douleur de la mauvaise chance qu'il avait eue, bien que cela ne fût pas de sa faute, et qu'en guerre il y ait bonne et mauvaise fortune plus qu'ailleurs.

Quelque temps après cette retraite de Rebec, le seigneur amiral, voyant que ses troupes diminuaient, autant par le manque de vivres que par la maladie, tint un conseil avec ses capitaines, où l'on délibéra de se retirer. Le bon Chevalier, comme toujours, demeura à l'arrière-garde.

Les Espagnols poursuivirent les Français d'étape en étape, marchant derrière eux en ordre de bataille et leur livrant des escarmouches ; mais dans les charges ils trouvaient toujours devant leur barbe le bon Chevalier avec quelques gens d'armes, qui leur montraient une si ferme contenance, qu'ils en demeuraient cois quand ils n'étaient pas rembarrés. Ils finirent par mettre sur les ailes d'un grand chemin force hacquebutiers et arquebusiers qui lançaient des pierres aussi grosses que les hacquebutes à croc. Cependant le bon Chevalier, aussi calme que s'il eût été dans sa maison, faisait marcher les gens d'armes et se retirait au bon pas, toujours le visage tourné vers les ennemis et l'épée au poing, leur faisant à lui seul plus de peur qu'une centaine d'autres. Mais, ainsi que Dieu le permit, il fut tiré un coup d'arquebuse dont la pierre le vint frapper au milieu des reins et lui brisa tout le gros os de l'échine. Quand il sentit le coup, le bon

Chevalier se mit à crier : « Jésus ! » et puis il dit :
« Hélas ! mon Dieu, je suis mort. » Il prit alors son
épée par la poignée en manière de croix, en disant tout
haut : *Miserere mei, Deus, secundum magnam mise-*
ricordiam tuam, et devint aussitôt tout blême, comme
si ses esprits l'abandonnaient, et il faillit tomber. Il
eut pourtant encore le courage de saisir l'arçon de la
selle et se maintint droit jusqu'à ce qu'un gentilhomme,
son maître d'hôtel, l'aida à descendre et le plaça sous
un arbre.

On ne fut pas longtemps parmi les amis et les ennemis à savoir que le capitaine Bayard avait été tué d'un
coup d'artillerie, et tous ceux qui l'apprirent en furent
extrêmement fâchés.

CHAPITRE XLVIII

De la grande douleur que causa le trépas du bon Chevalier sans peur
et sans reproche.

Quand la nouvelle fut répandue dans les deux
armées que le bon Chevalier avait été tué ou qu'il était
blessé à mort, même dans le camp des Espagnols, où
il était l'homme du monde le plus redouté, gentilshommes et soldats en furent désolés, pour beaucoup
de raisons : c'était que dans son vivant, quand il faisait
des reconnaissances et qu'il y prenait des prisonniers,
il les traitait humainement et se montrait si doux au
sujet des rançons que chacun s'en retournait content ;

puis ils comprenaient que sa mort était comme une diminution de la noblesse ; car, sans blâmer les autres, il a été le plus parfait chevalier de ce monde. En faisant la guerre avec lui, les jeunes gentilshommes apprenaient bien leur métier. Un des principaux capitaines espagnols, le marquis de Pescaire, qui était venu le voir avant qu'il rendît l'âme, prononça cette belle parole à sa louange : « Plût à Dieu, noble seigneur de Bayard, que j'en fusse, sans en mourir, pour une pinte de mon sang, et que je ne dusse manger de la viande de deux ans, que vous soyez en bonne santé mon prisonnier. D'après le traitement que vous recevriez de moi, vous pourriez savoir combien j'estime la grande prouesse qui était en vous. Le premier éloge que vous donnèrent les hommes de mon pays en disant : *Muchos grisones y pocos Baiardos*[1], ne vous fut pas donné à tort ; car, depuis que je fais le métier des armes, je n'ai ni vu ni connu de chevalier qui ait égalé toutes vos vertus. Et bien que je dusse être bien aise de vous voir ainsi, convaincu que l'empereur mon maître n'a point en guerre d'aussi grand ni d'aussi rude ennemi que vous, cependant, en considérant la grande perte que fait aujourd'hui toute la chevalerie du monde, j'en jure Dieu, je voudrais avoir donné la moitié de ce que j'ai et qu'il en fût autrement. Mais, puisqu'il n'y a nul remède à la mort, je fais requête à Celui qui nous a tous créés à sa ressemblance qu'il veuille retirer votre âme auprès de lui. »

Tels étaient les regrets pitoyables et déchirants que faisait entendre le noble marquis de Pescaire, avec

---

1. Jeu de mots espagnol : « Il y a beaucoup de grisons (chevaux gris) ; mais il n'y a *qu'un Bayard.* » *Baiardo* était aussi le nom du cheval de bataille du fameux paladin Renaud de Montauban.

plusieurs autres capitaines espagnols, sur le corps du bon Chevalier sans peur et sans reproche. Je crois qu'il n'y en eut pas six dans toute l'armée des Espagnols qui ne soient pas venus le voir à leur tour.

Or, si les ennemis eux-mêmes pleuraient si chaudement sa mort, vous pouvez vous imaginer le grand désespoir qui régna dans tout le camp français, parmi tous les soldats, quels qu'ils fussent : car le bon Che-

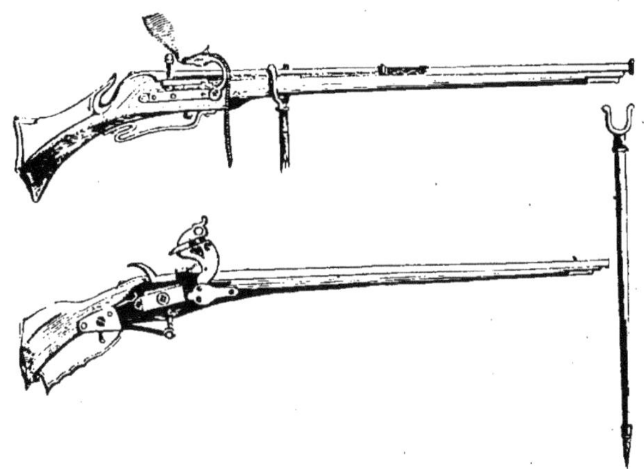

Arquebuses.

valier s'était fait aimer de tous. On aurait dit que chacun d'eux avait perdu ou son père ou sa mère. Surtout les gentilshommes de sa compagnie éprouvaient une douleur inexprimable : « Hélas! disaient-ils en s'adressant à la Mort, déloyale furie! que t'avait donc fait ce chevalier si parfait et si vertueux? Ce n'est pas de lui seul que tu t'es vengée; tu nous a tous jetés dans un cruel chagrin, jusqu'au jour où tu accompliras ton œuvre sur nous comme sur lui! Sous quel chef irons-nous maintenant à la bataille? Quel guide Dieu pourra-t-il désormais nous donner avec qui nous fussions aussi en sûreté qu'avec lui? Il n'y avait personne qui, lorsqu'il était présent, ne fût aussi rassuré que derrière le plus solide rempart. Où trouverons-nous maintenant un capitaine qui nous rachète quand nous serons prisonniers, qui nous rende un cheval quand nous serons démontés et qui nous nourrisse, comme il le faisait? Cela n'est pas possible. Cruelle Mort! c'est toujours ton procédé : plus un homme est parfait, plus tu prends plaisir à l'anéantir. Mais tu ne saurais tant faire qu'en dépit de toi, qui lui as ôté la vie en ce monde, la renommée et la gloire ne lui demeurent éternelles; car sa vie a été si vertueuse qu'elle laissera son souvenir à tous les preux et vertueux chevaliers qui viendront après lui. »

Les pauvres gentilshommes étaient si pitoyables à voir ainsi, que le cœur le plus dur du monde eût été contraint de partager leur douleur.

Ses pauvres serviteurs étaient tout transis de chagrin, et parmi eux surtout son pauvre maître d'hôtel, qui ne l'avait jamais abandonné et à qui le bon Chevalier se confessa en l'absence d'un prêtre. Ce pauvre gentilhomme fondait en larmes en voyant son maître ainsi mortellement frappé et sans remède. Pourtant le bon Chevalier le réconfortait en lui disant : « Jacques, mon ami, cesse de pleurer : c'est la volonté de Dieu de m'ôter de ce monde : j'y suis resté par sa grâce assez longtemps, et j'y ai reçu plus de biens et d'honneur qu'il ne devait m'en revenir. Tout le regret que j'ai de mourir, c'est que je n'ai pas fait aussi bien mon devoir que je le devais, et j'avais bien l'espoir, si j'eusse encore vécu, de me corriger de mes fautes passées. Mais puisqu'il en est ainsi, je supplie mon Créateur que dans son infinie miséricorde il ait pitié de ma pauvre âme. J'ai l'espoir qu'il le fera et que, par sa grande et incompréhensible bonté, il n'usera pas à mon égard des rigueurs de sa justice... Je te prie, Jacques, mon ami, qu'on ne m'enlève pas de cet endroit : car quand je

Mort de Bayard.

remue, je ressens toutes les douleurs qu'il est possible de ressentir, hormis la mort, qui va me prendre bientôt. »

Un peu avant l'arrivée des Espagnols, à l'endroit où le bon Chevalier avait été blessé, le seigneur d'Alègre, prévôt de Paris, était venu lui parler. Ce fut à lui que le blessé parla de son testament. Un capitaine suisse, nommé Jean Diesbach, était venu aussi, qui avait voulu l'emporter sur des piques avec cinq ou six de ses gens, afin de le sauver ; mais le bon Chevalier, qui savait ce qu'il en était pour lui, l'avait prié de vouloir bien le laisser un peu penser à sa conscience, ajoutant que le changer de place ne pourrait qu'abréger sa vie. Il fallut aux deux gentilshommes, pleurants et gémissants, le laisser là aux mains des ennemis. Croyez que ce ne fut pas sans grands regrets ; comme ils ne pouvaient se résigner à l'abandonner, le bon Chevalier leur dit : « Messeigneurs, je vous en supplie, allez-vous-en ; autrement vous tomberiez entre les mains des ennemis, et cela ne me servirait de rien, car c'en est fait de moi. Adieu, mes bons seigneurs et amis ; je vous recommande ma pauvre âme, et je vous prie bien, vous, monseigneur d'Alègre, de saluer pour moi le roi notre maître et lui dire que je suis fâché de ne point rester plus longtemps à son service ; saluez aussi messeigneurs les princes de France, messeigneurs mes compagnons, et généralement tous les gentilshommes du très honoré royaume de France, quand vous les verrez. »

En écoutant ces paroles, le bon seigneur d'Alègre pleurait abondamment, et c'est dans cet état qu'il dut prendre congé de son ami.

Le bon Chevalier demeura encore en vie deux ou trois heures : les ennemis lui tendirent un beau pavillon, sous lequel il fut couché, et lui amenèrent un prêtre, auquel il se confessa dévotement, en disant ces propres mots : « Mon Dieu, convaincu que tu as dit que celui qui de bon cœur retournera vers toi, quelque pécheur qu'il ait été, tu es toujours prêt de le recevoir miséricordieusement et de lui pardonner, hélas ! mon

La cathédrale de Grenoble.

Dieu, créateur et rédempteur, je t'ai offensé gravement durant ma vie, et j'en suis contrit du fond du cœur. Je sais que quand je vivrais dans les déserts pendant mille ans, au pain et à l'eau, je n'aurais pas pour cela l'entrée de ton royaume du paradis, si par ta grande et infinie bonté il ne te plaisait de m'y recevoir. Aucune créature ne peut mériter en ce monde si haute récompense. Mon Père et mon Sauveur, je te supplie de détourner tes regards des fautes que j'ai commises, et que ta grande miséricorde s'abaisse sur moi plutôt que les rigueurs de ta justice. »

Après avoir dit ces mots, le bon Chevalier sans peur et sans reproche rendit son âme à Dieu.

Cette mort causa une incroyable douleur aux ennemis. Les chefs de l'armée des Espagnols le firent porter par quelques gentilshommes jusqu'à l'église, où on lui fit un service solennel qui dura deux jours. Ses serviteurs emmenèrent ensuite son corps dans le Dauphiné. Partout où le corps s'arrêta sur les terres du duc de Savoie, celui-ci lui fit rendre autant d'honneur que s'il se fût agi de son frère. Quand la nouvelle de la mort du bon Chevalier fut connue dans le Dauphiné, on ne peut pas décrire tout le deuil qu'il y eut ; prélats et gens d'Église, nobles et gens du peuple, tous y prirent part. Je crois qu'en mille ans il n'est pas mort un gentilhomme du pays qui fût pleuré davantage. On alla au-devant du corps jusqu'au pied de la montagne, et on l'amena d'église en église en grande pompe jusqu'auprès de Grenoble, où l'attendaient à une demi-lieue messeigneurs de la Cour du Parlement du Dauphiné, messeigneurs des Comptes, presque toute la noblesse du pays, les bourgeois, les manants, enfin la plupart des habitants de Grenoble, qui accompagnèrent le trépassé jusqu'à l'église Notre-Dame de Grenoble. Le corps reposa là un jour et une nuit ; puis on lui fit un service solennel. Le lendemain, le même cortège avec lequel il était entré dans la ville le reconduisit à une demi-lieue de la ville, au couvent des Minimes, qu'avait fondé son bon oncle, l'évêque de Grenoble, Laurent Aleman. C'est là que le bon Chevalier fut honorablement enterré. Chacun se retira ensuite dans sa maison ; mais pendant un mois on eût dit que le peuple du Dauphiné attendait sa destruction prochaine : ce n'était que larmes et gémissements ; fêtes, danses, banquets, amusements, avaient cessé.

Hélas ! ils avaient bien raison, car le pays ne pouvait faire une perte plus déplorable. Bien que tous en eussent le deuil dans le cœur, vous pouvez croire que le chagrin était encore plus grand chez ces pauvres gentilshommes, ces femmes nobles, ces veuves, ces orphelins, à qui le bon Chevalier distribuait secrètement ses biens.

Enfin, avec le temps tout passe ici-bas, si ce n'est l'amour de Dieu. Le bon Chevalier sans peur et sans reproche l'a craint et aimé durant sa vie ; après sa mort que la gloire lui reste, comme il l'avait en ce monde !

CHAPITRE XLIX

Des vertus du bon Chevalier sans peur et sans reproche.

Toute la noblesse avait raison de se vêtir de deuil le jour du trépas du bon Chevalier sans peur et sans reproche : car je crois que depuis la création du monde, tant sous les lois chrétiennes que sous les lois païennes, il n'est pas un homme qui lui ait apporté moins de déshonneur ni plus d'honneur. Il y a un proverbe bien connu qui dit que *nul ne vit sans vice;* eh bien, il a tort à l'endroit du bon Chevalier : j'en prends à témoin tous ceux qui l'ont vu et qui disent la vérité; en ont-ils jamais connu un seul en lui? Au contraire, Dieu l'avait doué de toutes les vertus qui pourraient former l'homme parfait et qu'il savait pratiquer les unes après les autres.

Il aimait et craignait Dieu par-dessus tout, ne jurait et ne blasphémait jamais son saint nom, et dans ses embarras n'avait recours qu'à lui seul, persuadé que c'est de lui et de sa grande et infinie bonté que procèdent toutes choses. Il aimait son prochain comme soi-même, et il l'a bien montré dans toute sa vie : il n'eut jamais un écu qui ne fût au service du premier qui en avait besoin, et sans qu'il fût nécessaire de le lui demander. Souvent il en faisait donner autant qu'il pouvait aux pauvres gentilshommes qui étaient dans la nécessité.

Il a suivi les guerres de Charles VIII, Louis XII et
François Ier pendant trente-quatre ans, et durant ce
temps personne ne l'a surpassé dans toutes les choses
qui regardent le noble métier des armes : peu de gens
en effet ont eu sa bravoure. Pour sa conduite, c'était
un Fabius Maximus ; dans ses entreprises habiles,
c'était un Coriolan ; pour sa force et sa magnanimité,
c'était un second Hector : il se montrait farouche quand
il s'agissait des ennemis ; doux, paisible et courtois
quand il s'agissait de ses amis. Aucun soldat sous ses
ordres n'a perdu son cheval qu'il ne l'ait remonté ; et
bien souvent, pour faire ses cadeaux plus honnêtement,
il échangeait un cheval d'Espagne de deux ou trois
cents écus contre un courtaud de six écus, laissant entendre au gentilhomme que le cheval qu'il prenait faisait magnifiquement son affaire. Il troquait plus d'une
fois une robe de velours de satin ou damassé pour une
petite cape. C'est ainsi qu'il faisait gracieusement ses
dons pour contenter tout le monde. On pourra dire
qu'il ne pouvait pas donner grand'chose, puisqu'il était
pauvre ; il ne lui en était que plus honorable d'être, dans
la mesure de ses moyens, aussi libéral que le plus grand
prince de la terre. Il a bien gagné à la guerre cent
mille francs avec ses prisonniers, et il a tout donné à
ceux qui en avaient besoin. Il était très généreux et
faisait ses aumônes en secret. Il n'est rien de si certain
qu'il a marié, sans en rien dire, cent pauvres orphe-
lines, filles de noblesse ou du peuple.

Avant que de sortir de sa chambre, toujours il se
recommandait à Dieu, disait ses heures à deux genoux, en grande humilité ; mais il n'aimait pas faire
ses dévotions devant personne. Le soir, quand il était
couché et croyait que ses valets de chambre dormaient,

hiver comme été, il se levait en chemise, s'étendait tout de son long sur la terre et la baisait.

Jamais, dans les pays conquis, on n'a pu trouver homme ou femme chez qui il logeait à qui il n'a payé ce qu'il pensait leur avoir coûté. On lui disait plus d'une fois : « Monseigneur, c'est de l'argent perdu que vous leur donnez là : car, quand vous serez parti, on mettra le feu ici et on leur prendra ce que vous leur avez donné. »

Il répondait : « Messeigneurs, je fais ce que je dois.

Médaille du temps de François Ier.

Dieu ne m'a pas mis en ce monde pour vivre de pillage et de rapine. Au surplus, ce pauvre homme pourra aller cacher son argent au pied de quelque arbre, et quand la guerre ne sera plus dans le pays, il pourra s'en servir, et il priera Dieu pour moi. »

Il a été à la guerre quelquefois avec des Allemands, qui aiment assez mettre le feu au logis qu'ils quittent; le bon Chevalier n'est jamais parti du sien avant que la bande ne fût toute passée, ou bien il y laissait quelques gardes pour empêcher qu'on y mît le feu.

Par-dessus tous, c'était la plus gracieuse personne du monde, celle qui honorait le plus les gens vertueux

et qui parlait le moins des gens vicieux. Il était fort
mauvais flatteur et fort maladroit adulateur. Tout ce
qu'il disait était fondé en vérité, et à quelque personne
que ce fût, grand prince ou autre, il ne consentait jamais à dire autre chose que le vrai.

Il ne pensa guère en sa vie aux biens de ce monde, et
la preuve en est qu'à sa mort il n'était guère plus riche
qu'à sa naissance. Quand on lui parlait de gens puissants et riches chez lesquels il ne pensait pas trouver
grande vertu, il faisait le sourd et répondait à peine;
au contraire, il ne pouvait se rassasier de parler des
hommes vertueux. Il estimait, au fond de son cœur, un
gentilhomme parfait qui n'avait pas cent francs de
rentes, autant qu'un prince qui en avait cent mille. Il
avait la pensée bien arrêtée que les biens n'ennoblis-
sent pas le cœur.

Le capitaine Louis d'Ars l'eut comme élève, et je
crois bien que c'est sous lui qu'il apprit à commander
les armées; aussi toute sa vie lui a-t-il porté autant
d'honneur que s'il eût été le plus grand roi du monde.
Quand on parlait de lui, le bon Chevalier y prenait un
extrême plaisir et ne se lassait jamais d'en dire du
bien.

Il n'y eut pas d'homme de guerre qui connût mieux
que lui les hypocrisies des camps; il disait souvent
que c'est la chose en ce monde où l'on trompe mieux
son prochain : tel fait le brave dans une chambre
qui devant les ennemis est doux comme une femmelette. Il n'a guère aimé les gens d'armes qui abandon-
nent les rangs pour contrefaire les braves ou aller au
pillage. C'était, à la guerre, l'homme le plus calme
qu'on ait connu. Il avait des paroles à faire combattre
le plus poltron. Il a remporté de belles victoires en

son temps, mais jamais on ne l'a entendu s'en vanter, et s'il lui en fallait parler, il en rapportait toujours l'honneur à quelque autre. Sa vie durant, il a fait la guerre aux Anglais, aux Espagnols, aux Allemands, aux Italiens et aux autres nations, et il a vu gagner et perdre bien des batailles ; mais quand elles étaient gagnées, Bayard en était toujours cause en partie, et quand elles étaient perdues, il s'est toujours montré si ferme au combat qu'il lui en restait l'honneur.

Il n'a jamais voulu servir que sous son prince, qui ne lui donnait pas de grands biens, tandis qu'ailleurs on lui en offrait bien davantage ; il répondait invariablement qu'il mourrait pour soutenir le bien public dans sa patrie. On n'a jamais su lui donner de mission qu'il ait refusée, et pourtant il en a eu de bien difficiles. Mais parce qu'il avait toujours Dieu présent devant les yeux, le Ciel l'a aidé ; et il a conservé son honneur jusqu'au jour de son trépas, sans qu'il reçût la moindre égratignure.

Il fut lieutenant pour le roi son maître dans le Dauphiné : il y gagna si bien le cœur de tous, nobles ou roturiers, que tous seraient morts pour lui.

Qu'il ait été aimé et honoré dans son pays, il n'y a pas à s'en étonner, puisqu'il l'a été tant chez toutes les autres nations. Et cette gloire n'a pas duré un an ou deux ans, mais tout le temps qu'il a vécu, et elle dure encore après sa mort. C'est que la bonne et vertueuse vie qu'il a menée mérite une louange immortelle. Jamais on ne l'a vu défendre contre la raison même le plus grand de ses amis : il répétait souvent qu' « empires, royaumes et provinces sans justice sont forêts pleines de brigands ». Dans les camps, il a toujours eu trois excellentes qualités, qui conviennent merveil-

veilleusement au parfait chevalier : c'est l'assaut du lé-
vrier, la défense du sanglier et la fuite du loup.

En un mot, pour décrire toutes ses vertus il y faudrait la vie d'un bon orateur ; moi, qui suis débile et
peu muni de science, je n'y saurais parvenir. Pourtant, pour ce que je viens d'en dire, je supplie humblement tous les lecteurs de la présente histoire de
bien vouloir la prendre en gré : car j'ai fait tout ce que
j'ai pu, mais non pas tout ce qui était dû à la glorifi-
cation d'un si parfait et si vertueux personnage que le
bon Chevalier sans peur et sans reproche, le noble seigneur de Bayard, duquel Dieu, dans sa grâce, veuille
prendre l'âme en paradis. *Amen.*

FIN

TABLE DES MATIÈRES

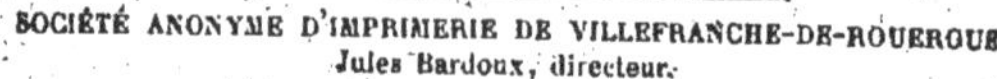

SOCIÉTÉ ANONYME D'IMPRIMERIE DE VILLEFRANCHE-DE-ROUERGUE
Jules Bardoux, directeur.

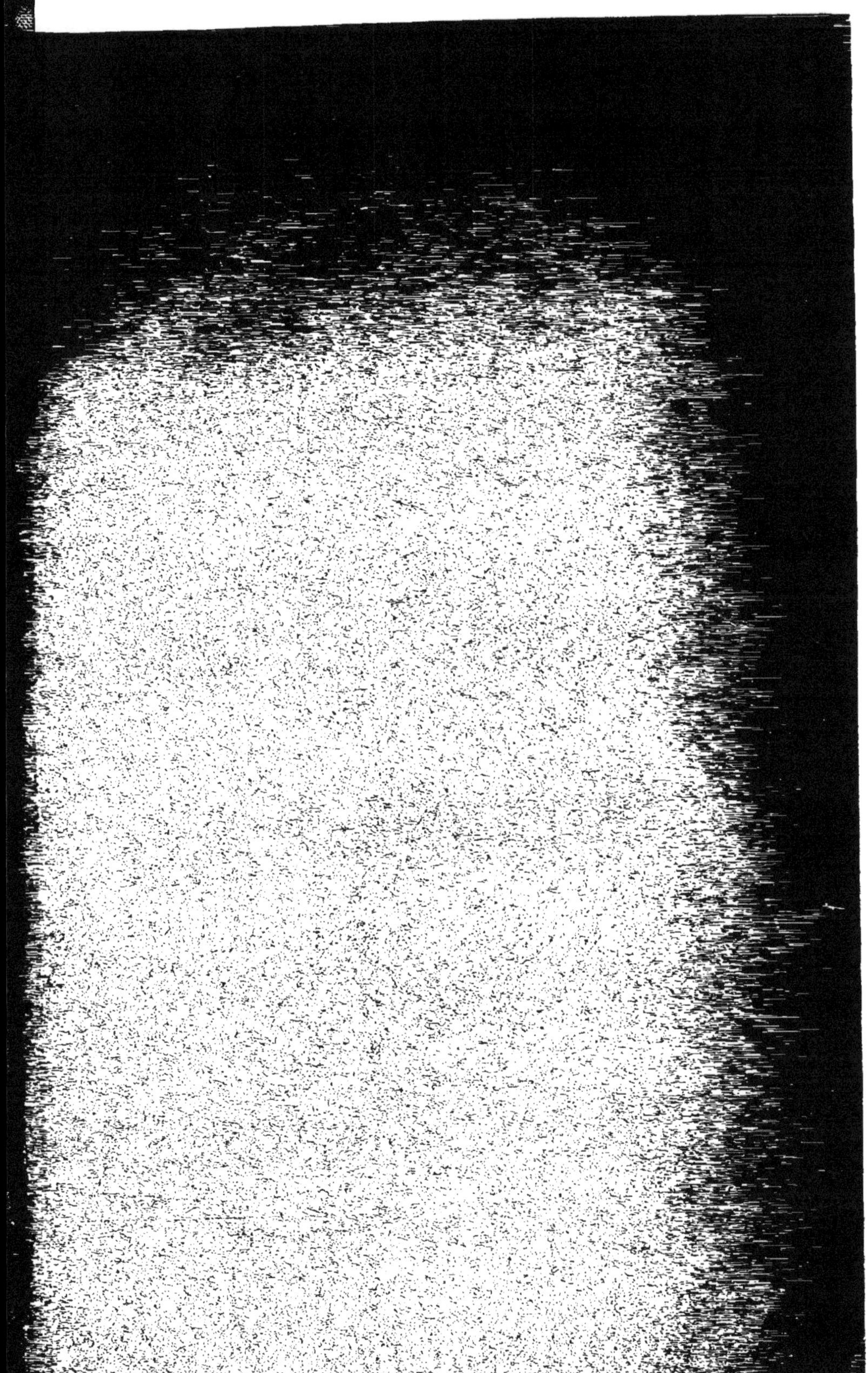

Paris. — Imprimerie G. Rougier et Cie, rue Cassette, 1.

9 782019 475345